文春文庫

800日間銀座一周

森岡督行

文藝

目次

写真　伊藤昊
イラスト　森岡督行
デザイン　木村弥世

800日間
銀座一周

1 和光の鐘

銀座4丁目の現在の和光[*1]のビルが竣工したのは1932年（昭和7年）6月10日でした。そのときから今に至るまで、銀座のシンボルとして時を刻んできました。和光の前に立つと、当時の銀座はどういう街だったかを考えたくなります。

そこで私は、1933年5月1日から5日にかけて資生堂化粧品部[*2]の2階にあった資生堂ギャラリー[*3]で開催された「山脇道子[*4]バウハウス手織物個展」に行くことができたら、どんな行程になったかを想像してみました。

1933年5月1日の天候は晴れ。11時、京橋区木挽町《こびきちょう》の鈴木ビル[*5]内で身支度を整えました。グレーの背広に白いシャツ、ペイズリーのネクタイを選びました。外に出ると、三吉橋《みよしばし》で、鈴木さんの息子さんのA君がハゼを釣っていました。昭和通りを渡り、ヨネイビルの前を通り、銀座通りを越えて、まずは銀座3丁目の煉瓦亭[*6]に向かいました。銀座通りを歩いているとき、柳が揺れて、正午をつげる和光の鐘が12回鳴り響きました。煉瓦亭のテーブルに着席した私は、好物の明治誕生オムライスとポタージュスープを注文しました。トマトケチャップの風味に、ふっくらなめらかな卵の食感が魅力です。13時、銀座6丁目菊水ビルの米倉[*7]で散髪。髪型は七三かオールバックか迷いましたが、いつものオールバックにしてもらいました。髭も剃ってもらいました。米倉では顔にあてるタオルを次々に替えていきます。1回の施術で何枚タオルを使うのでしょう。

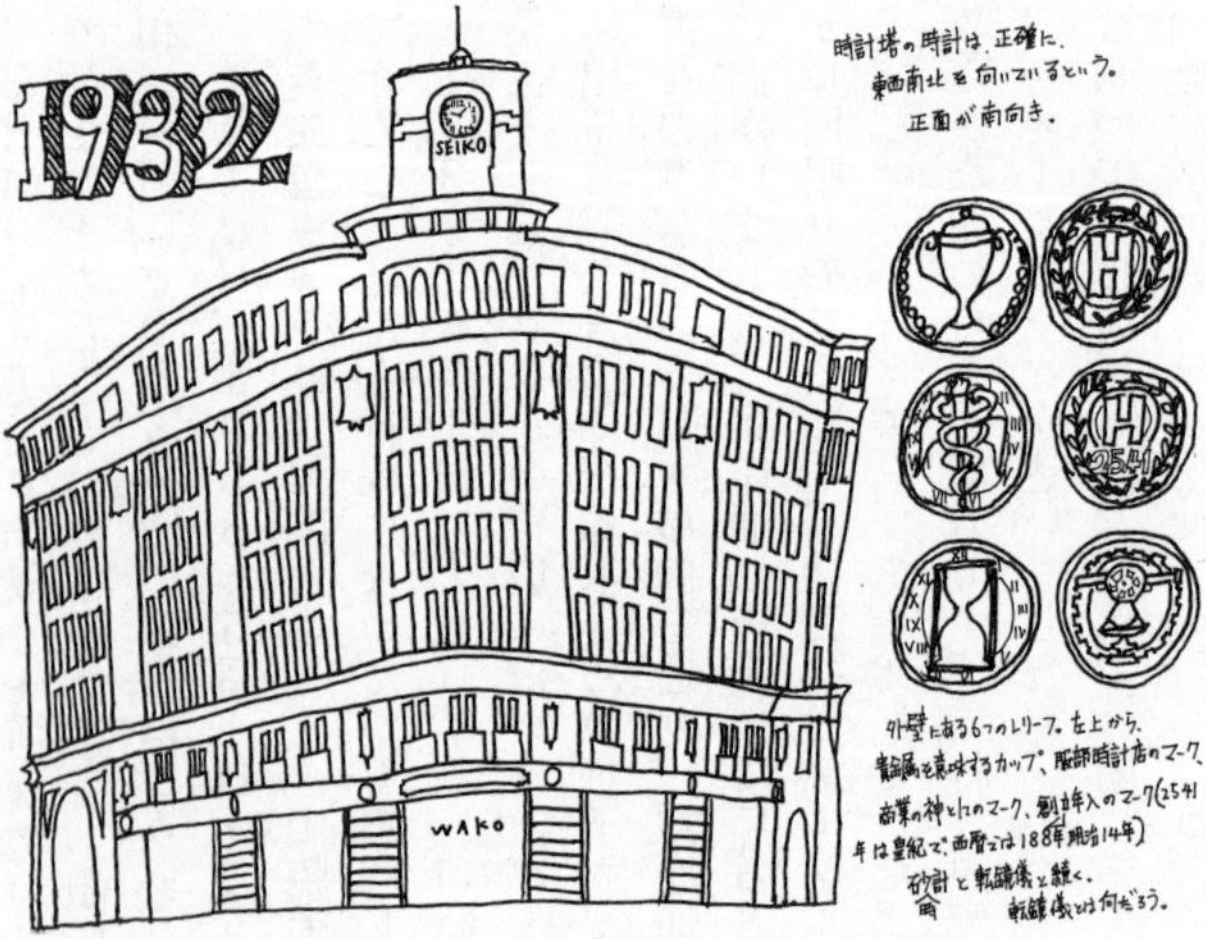

14時、資生堂ギャラリーに向かう前に、銀座8丁目の銀座千疋屋[*8]をのぞきました。山脇道子さんは、今日、きっと抱えきれないほどのお菓子をいただくだろうから、旬の果物をお土産にしようと考えました。ちょうど浜松から届いたメロンが並んでいました。

銀座7丁目の資生堂化粧品部の奥の階段を上がって2階の資生堂ギャラリーに行くと、たくさんのお客さんがいました。詩人で写真家、デザイナーでもあった北園克衛さんや洋画家の佐野繁次郎さんの姿がありました。15時、私は和装の山脇道子さんに挨拶をして、メロンを渡しました。隣には旦那さんの巌《いわお》さんがいました。巌さんは写真を撮っていると聞いたので、ぜひ、バウハウスの写真を見せていただきたいとお願いしました。その後、資生堂化粧品部の前で「**資生堂グラフ**[*9]」（現「花椿」）の編集者と会い、原稿の校正刷りをいただきました。ショーウインドウの香水を見ていたら、中にいたカメラマンが撮影してくれました。16時、隣の銀座8丁目の**資生堂パーラー**[*10]の扉をくぐり、珈琲の香りのなか、原稿の校正刷りを確認しました。その後、アイスクリームも頬ばりました。17時、みゆき通り路地裏の**銀座・ルパン**[*11]でウイスキーを1杯だけ飲んで帰ることにしました。今日は私が最初の客となりました。18時、帰り際、銀座4丁目の交差点を渡るとき、和光の鐘が6回鳴り響きました、木挽町の**チョウシ屋**[*12]の前を通ると、コロッケを揚げる香りがしました。鈴木ビルのA君は、きっとまだ外で遊んでいるだろうからコロッケサンドを買っていくことにしました。案の定、A君は、鈴木ビルの前で遊んでいました。その姿が見えてきたところで、想像は終わりにします。

大切なのは、ここに書いた行程は、「山脇道子バウハウス手織物個展」とA君を除けば、今も同じようにたどることができることです。いや、できるはず。言うまでもなく、1945年（昭和20年）1月の空襲で、銀座もかなりの地域が焦土と化しました。そのときのことを考えれば……。今度のコロナ禍が一刻も早く終息し、時間ごとに響く和光の鐘のもと、銀座を歩ける日が来ることを願って止みません。

＊1 **和光**／1881年に創業した服部時計店（現・セイコーホールディングス）の小売部門としてスタート、1952年より「和光」として営業を開始した。時計塔（現在は2代目）のある建物は、1932年に建てられた。中央区銀座4の5の11。

＊2 **資生堂化粧品部**／1916年、京橋区竹川町11番地（現・中央区銀座7の8の10）に化粧品部開店。現在の「SHISEIDO THE STORE」。

＊3 **資生堂ギャラリー**／1919年に資生堂初代社長・福原信三により、竹川町11番地の化粧品部2階に陳列場として開設された（現在は中央区銀座8の8の3 東京銀座資生堂ビルB1F）。

＊4 **山脇道子**／1910〜2000年。東京生まれ。裏千家の茶人・山脇善五郎の娘。高等女学校卒業後18歳で、横河工務所（現・横河建築設計事務所）に勤務していた藤田巌と結婚。1930年に夫に付き添ってドイツ・デッサウに行き、二人はバウハウスへ入学するが、ナチズムの台頭で世情の雲行きがあやしくなり、バウハウスが閉鎖されると帰国。'33年5月に資生堂ギャラリーにて個展を開催。著書に『バウハウスと茶の湯』（新潮社）がある。

＊5 **鈴木ビル**／現在の住所表記では中央区銀座1の28の15。鈴木ビルには森岡書店が入居している。

＊6 **煉瓦亭**／1895年創業の人気の洋食屋。中央区銀座3の5の16。

＊7 **米倉**／1918年築地の精養軒ホテルで創業の老舗の理容室。中央区銀座5の1

先銀座ファイブ2F。

＊8　銀座千疋屋／1894年銀座8丁目に新橋千疋屋として創業、1913年に日本初の「果物食堂フルーツパーラー」を開業。'23年に銀座千疋屋に改名。現在は'47年に開設した5丁目店に8丁目本店を統合。中央区銀座5の5の11・2F。

＊9　資生堂グラフ／1924年「資生堂月報」の名称で日本の女性に美しい生活文化情報を伝えることを目的として創刊され、'33年「資生堂グラフ」に改名。季刊誌「花椿」の前身。「花椿」は'37年に創刊し、戦時中の一時休刊を経て現在に至る。

＊10　資生堂パーラー／1902年、東京銀座の資生堂調剤薬局の一角に、日本で初めてのソーダ水や当時まだ珍しかったアイスクリームを提供するソーダファウンテンとして誕生。'28年には本格的な西洋料理を取り入れ、洋菓子の製造販売もスタート。西洋の食文化をいち早く日本に発信したカフェ、レストランでもある。中央区銀座8の8の3 東京銀座資生堂ビル3〜5F。

＊11　銀座・ルパン／1928年洋風の酒場として開店。銀座の街と共に100年近くの時を歩んできた老舗。名だたる文豪が集い、数々の歴史が生まれた場所でもある。中央区銀座5の5の11 塚本不動産ビルB1F。

＊12　チョウシ屋／1927年創業の老舗の揚げ物屋。コロッケやハムカツ、カツサンドが有名。中央区銀座3の11の6。

2 銀座の柳とアンリ・シャルパンティエ

銀座通りを京橋の方に歩き、銀座2丁目の柳通りを右に曲がった私は、銀座メゾン アンリ・シャルパンティエ[*1]のカフェを目指していました。これまで幾度か訪ねたことがありましたが、あらためて、敷居を跨いでみたいと思ったのは、『梁塵秘抄《りょうじんひしょう》』（光文社古典新訳文庫）を開いたことがきっかけでした。

『梁塵秘抄』は、平安時代の末に後白河院が編纂した歌謡集で、以下のように「柳」がうたわれています。

「そよや　小柳によな　下がり藤の花やな　咲き匂えけれ　えりな　睦《むつ》れ戯《たわぶ》れ
や　うち靡《なび》きよな　青柳《あおやなぎ》のや　や　いとぞめでたきや　なにな　そよな」

ちなみに歌謡とは、うた＝ソングのこと。この現代語訳を担当した川村湊さんは、大胆にも、以下のように訳しました。

「そよそよと　しだれ柳に　下がり藤　匂いも盛り　咲きほこる
ゆれて　もつれて　からみあい　そよそよ　風に　なびきあう
やれやれ　うれしや　あれあれ　たのしや　このあそび」

梁塵秘抄
後白河法皇
川村湊・訳
梁塵秘抄をはじめ、光文社古典新訳文庫は、全て、望月通陽さんが装画を手がけている
ヨネイビルディングは、1930年に、森山松之助の設計で完成した。
竣工当時は、外壁に、スクラッチタイルが貼られていた。
銀座7丁目にある丸嘉ビルも森山松之助が設計した。
YONEI BLDG.
6月〜8月は、オレンジが、白桃になる。
『アンリ・シャルパンティエ』では、オレンジの果肉とバニラアイスをトッピングしていただくことができます。
あれ、ここだけ、ですます調になった。
『クレープ・シュゼット』を考案したのが、アンリ・シャルパンティエという人物だった。19世紀のフランスの料理人。

そして次のような解説も。

「柳と藤が風になぶられて絡みつきあう。そんな情景を男女の睦みあう営みとして見立てているのである」

およそ850年前、柳が女性の暗喩になっていたとは。そういえば、男と女が逢う街を、私たちは花柳界と言います。

『梁塵秘抄』の観点から柳を眺めたら、同じ柳でも違ってくるのではないか。そう考えて思いついたのがアンリ・シャルパンティエのカフェでした。入居するヨネイビルは1930年（昭和5年）築の近代建築。アーチの窓越しに柳を見れば、より情緒があるのではと想像したのでした。

果たして本当に窓から柳が見えるだろうか。階段を上がって扉を開けてなかに入ってみると……アーチ状の窓は5つあります。私が通されたのは手前から4番目の窓の前。外に目をやるとそこには柳通りの柳が、アーチの窓越しに揺れていました。

調べてみると、『梁塵秘抄』はながらく散逸していて、ようやく明治の末に、写本の一部が発見されました。当時は幻の歌謡集が発見されたということで話題になり、例えば**北原白秋**[*2]も『梁塵秘抄』の影響を受けたといいます。北原白秋には、銀座をテーマにした詩「銀座の雨」がありますが、それは、まさに資生堂化粧品部が出版した『銀座』（1921年／大正10年初版）に掲載されています。『銀座』は銀座の柳が伐採されることを嘆いて出版された本でした。もしかしたら、この本に携わった福原信三[*3]や小村雪岱《せったい》[*4]たちも、北原白秋から『梁塵秘抄』を聞いていたのではないだろうか。柳の曲線を女性の美しさとして捉えていたのではないだろうか。銀座の柳をめぐる想像が広がります。

やがて私の前には、大好物の「クレープ・シュゼット」が運ばれてきました。アンリ・シャルパンティエでは目の前でこのデザートをつくってくれます。グランマルニエ（オレンジ・リキュール）をグラスのなかで燃やして、それを胸の高さほどからフライパンに注ぎます。グランマルニエは炎が付いたまま、細い流線形となって落ちていきます。オレンジの甘い香りとともに、その光景が目の前に現れたとき、私は一瞬、ハッとしました。青く細い炎の線が、他でもない、窓の外で揺れる柳のように見えたのです。

＊1 銀座メゾン アンリ・シャルパンティエ／元々は芦屋発祥の「アンリ・シャルパンティエ」。2003年に現在の場所にオープン。'18年にリニューアルオープンした。中央区銀座2の8の20ヨネイビル1F。

＊2 北原白秋／1885～1942年。福岡県生まれ。1909年第一詩集『邪宗門』、2年後、詩集『思ひ出』を発表し、名実ともに詩壇の第一人者となる。その後も、『東京景物詩』『桐の花』などに代表される詩歌集、『とんぼの眼玉』、「赤い鳥小鳥」など、童謡・民謡でも独自の境地を開拓した。

＊3 福原信三／1883～1948年。東京生まれ。資生堂の創業者・福原有信の息子であり、株式会社資生堂の初代社長。

＊4 小村雪岱／1887～1940年。埼玉県生まれ。日本画家。泉鏡花『日本橋』の装丁や邦枝完二『おせん』『お伝地獄』の挿絵、また舞台や映画の美術考証や装置など、多方面に活躍した。

3

ライバルとビヤホールライオン銀座7丁目店

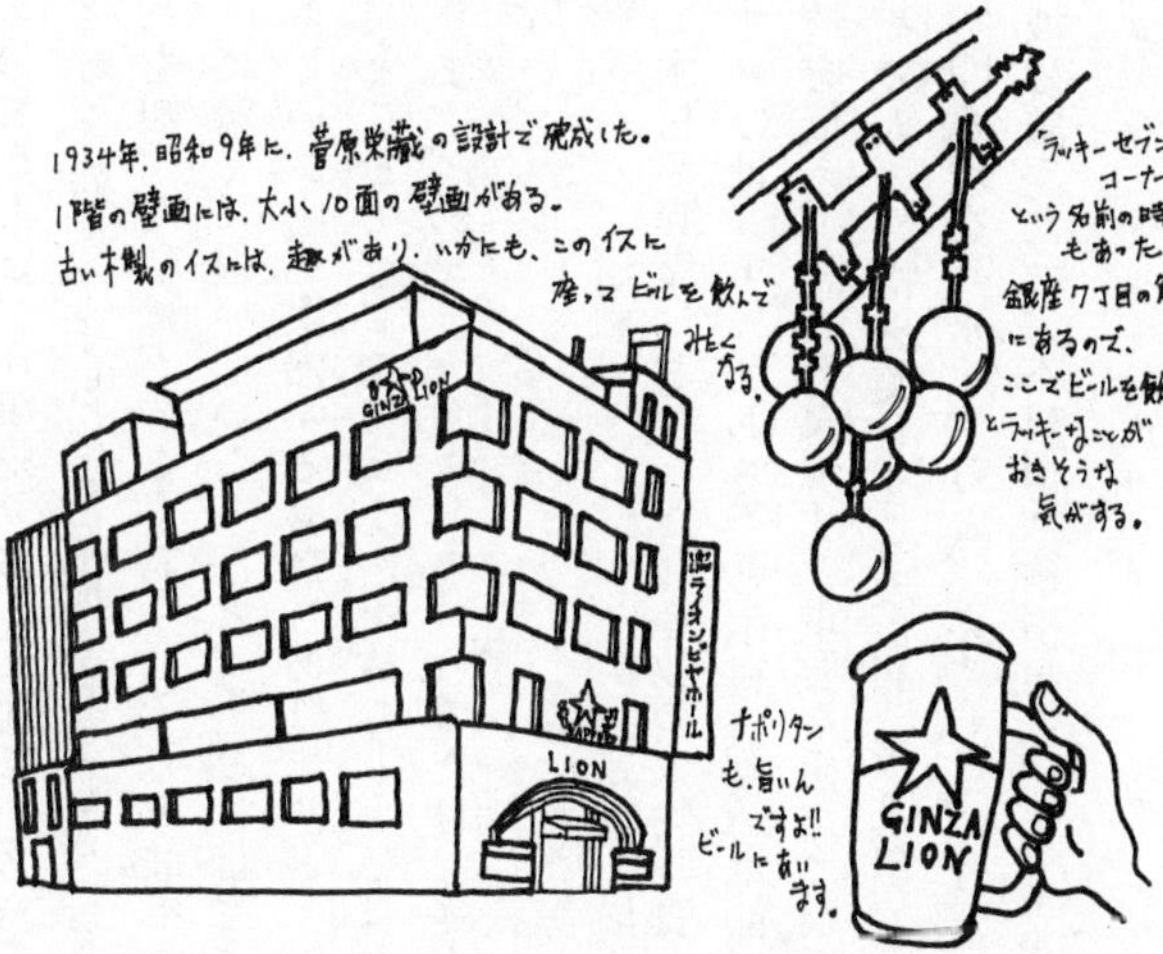
1934年、昭和9年に、菅原栄蔵の設計で完成した。

1階の壁画には、大小10面の壁画がある。

古い木製のイスには、趣があり、いかにも、このイスに座ってビールを飲んでみたくなる。

GINZA LION
LION
「ラッキーセブン・コーナー」という名前の時代もあった。

銀座7丁目の角にあるので、ここでビールを飲むとラッキーなことがおきそうな気がする。

ナポリタンも、旨いんですよ!! ビールにあいます。

GINZA LION

銀座通りを新橋の方へ歩いていた私は、「[*]ビヤホールライオン 銀座7丁目店」を目指していました。同店は1934年（昭和9年）の開業で、今でも当時の建築の中でビールを飲むことができます。ここに初めて来たのは20歳頃。従兄弟が誘ってくれたのがきっかけでした。当時は山形から出てきて日が浅く、東京のことは何も知りませんでした。大きな壁画とホールに満ちた活気。後に、「豊穣と収穫」が空間のテーマになっていて、球体の照明がビールの泡を表しているという説があることを知りました。キョロキョロしながらビールを飲んだ私は、こう思いました。ここが真の東京だと。

コロナ禍の前の2019年、ライバ

ルのKさんと、仕事帰りに、銀座で一杯やろうとなりました。私は「ビヤホールライオン銀座7丁目店」を提案しました。Kさんは、初めて中に入るとのこと。それを知った私は、すこし誇らしくなりました。Kさんも、きっと、かつての私のように驚くに違いないだろうと。喜びにはさまざま種類がありますが、誰かに、素晴らしいお店を案内する喜びもあります。

ところで、ここでビールを飲むと、私は写真家の木村伊兵衛について話したくなります。ジャーナリストの、むのたけじさんが記述した、以下の文章を思い出すのです。

「木村伊兵衛はおびただしい数の人物写真を残したが、それらを一貫して特徴づけたものは〈手〉である、と木村自身が種明かしをした。『手は人間の一部として感情を伝え、意志を表現する重要な手だてなのだ。手の動きのなかからでも、一瞬にその人の性格を美しくも現実的にも表現できる。（とりわけ）女の手は単独でも、空間処理をうまくすると、あやしさ、なまめかしさ、年齢や職業を表現できる』と彼は語った」（『木村伊兵衛 街角』ニッコールクラブ）

木村伊兵衛は、1955年（昭和30年）12月24日のビヤホールライオン 銀座7丁目店を撮影していて、それには、抱えきれないほどの風船を持った女性が写っています。肝心の女性の手は、風船の陰に隠れて見えないのですが、むしろそのことが、握りしめる手の存在を感じさせます。球体の照明と丸い風船が一体となって、肌理《きめ》の細かいビールの泡を表しているように見えます。木村伊兵衛もここで美味いビールを味わったということでしょう。

Kさんと私は、正面に向かって左側2列目、前から3番目のテーブルに通されました。目の前には「創建85周年」のポスターが貼ってあります。大ジョッキを注文し、ソーセージ5種盛合わせと、ジャーマンポテトも運ばれてきました。ジョッキを右手で持ち、口を大きく開けて乾杯と発声。その際、Kさんの手をチラ見した私は驚きました。無骨で大きく、いかにも何かを摑んでいるようなかたちをしていたのです。

＊**ビヤホールライオン 銀座7丁目店**／1934年4月8日竣工。1階は「銀座ビヤホール」として4月26日より営業を開始。変わらぬ佇まいのまま「ビヤホールライオン 銀座7丁目店」として現在に至る。中央区銀座7の9の20 銀座ライオンビル1F。

4 鳩居堂の偶然

1964年頃の銀座4丁目交差点付近。撮影者である伊藤昊の背後には鳩居堂があった。

先日、ドイツ在住のある方から手紙をいただきました。現代は、多様なデジタルツールが発達しましたが、時として、手紙の良さを感じることがあります。便箋と封筒をどうするか。切手をどうするか。選ぶ楽しさがあります。受け取る喜びがあります。そのある方がドイツから送ってくれたのは、鳩居堂*1の便箋と封筒でした。

返信するのなら、やはり、鳩居堂の便箋と封筒にしたい。そう思った私は、2020年6月のある日、鈴木ビルから銀座5丁目の鳩居堂に向かいました。銀座4丁目交差点を渡ると、お香の香りがしました。鳩居堂の玄関でお香の売り出しをしていて、それが漂っていたのです。鳩居堂は、1877年（明治10年）に当時の太政大臣の三條実美《さねとみ》公より、同家に900年来伝わる宮中御用の「合わせ香」の秘方を伝授され、今日まで継承してきました。平安時代と変わらない調香に触れられるのは、考えてみれば、すごいことです。例えば、『枕草子』には、「心ときめきするもの」として、「よき薫物《たきもの》たきてひとり臥したる」「頭《かしら》洗ひ、化粧《けそう》じて、香ばしうしみたる衣など着たる」とあります。

鳩居堂ビルのファサード（正面外観）左側には、「1663」という数字が刻まれています。これは京都で鳩居堂が創業した年です。当初は薬種商としてスタートし、漢方薬の調合の原料にお香の素材に通じるものがあったことが、お香をつくるきっかけになったといいます。調べてみると、同年の京都では、尾形乾山《けんざん》*2が生まれていました。尾形乾山には香炉の作品があるので、もしかしたら、尾形乾山も、京都の鳩居堂で買い物をしたかもしれません。

右側には、「1880」という数字が刻まれています。こちらは鳩居堂が銀座に出張所を開設した年です。当時は、どのように京都から銀座まで商品を運んだのでしょうか。京都から神戸までは鉄道が完成していたので、まずは神戸に運び、そこから船で横浜港まで輸送し、横浜から新橋までは、また鉄道で運んだかもしれ

便箋には、名入れをすることができるので、鳩居堂・資生堂のダブルネームの便箋があったらと。
鳩
一階には、頼山陽の書があり、良精極皆墨徑研叢と書いてあるように見える。
1663
SHISEIDO, KYUKYODO.
かつて勤めていた神保町の古本屋では、鳩居堂の防虫香が必需品だった。

ません。真相は分かりませんが、1880年のある日、機関車の到着を待つ人の気持ちを考えただけで、ワクワクします。

封筒と便箋は、1階の帳場の前に並んでいます。私はレターヘッドに鳩居堂の「向い鳩」マークが入った、「The Letter」を選びました。「有信《ゆうしん》」と名付けられた封筒があり、資生堂の創業者の福原有信《ありのぶ》を思い出し、こちらも求めました。「あじさい」と「あさがお」という季節の一筆箋の前で、「あじさいは使ったから、あさがおにしよう」と言葉を交わしている御婦人方がいました。

封筒は銀座郵便局で投函します。銀座郵便局の風景印は、銀座4丁目交差点の風景が描かれていて、これを切手に押したら、いかにも銀座の鳩居堂の封筒らしい。風景印とは、特定の郵便局オリジナルの消印のことです。

次は切手をどうするか。私はかつて切手少年でした。確か尾形乾山のうつわの切手があったはず……。あらためて調べてみると1973年（昭和48年）お年玉切手がそうでした。そういえば、ある方は、私の一つ上だから1973年生まれ。鳩居堂の封筒の周囲で起こったちょっとした偶然。せっかくだから、尾形乾山の切手を貼って送ることにしました。いつか銀座でお会いできることを期待して。

＊1 鳩居堂／京都にて1663年創業、東京出張所は1880年開設。香・書画用品・和紙製品を取り扱う、老舗専門店。はがきや便箋、封筒、金封、和紙工芸品や季節ごとの商品のほか、線香、匂袋や防虫香の販売もしている。銀座4丁目交差点近くにあり、銀座の顔でもある。中央区銀座5の7の4。

＊2 尾形乾山／1663〜1743年。京都の富裕な呉服商尾形宗謙《そうけん》の三男として生まれる。兄は絵師の光琳《こうりん》。乾山の作品は陶芸のみならず書や絵画においても、俗気を脱したおおらかで文人的な洒脱味があったと言われている。

5 はち巻岡田の味

路地裏に美味を求める影ふたつ。

2階の和室では、
山口瞳の自筆原稿を
読むことができる。
古川緑波の「苦笑風呂」には、
淡りした江戸前の日本料理であるから、
〈中略〉酒量を誤まる恐れが無い、
とある。
行きつけの店 山口瞳
鰹の中落ちを食べなければ夏が来ない。
はち巻岡田
随筆 苦笑風呂 古川緑波

私はいま「銀座」について書いているので、東京生まれのように見えるかもしれませんが、実際は山形県寒河江《さがえ》市で生まれました。月山《がっさん》や蔵王といった山に囲まれ、寒河江川という川が流れる地域です。

そのことを、つくづく自覚するのは、銀座3丁目松屋銀座の裏にある「はち巻岡田」*を訪れるときです。名物の粟《あわ》麩《ぶ》田楽と、子供のころ食べた田楽の味が重なります。田楽の日は、朝から火鉢を用意したり、味噌に混ぜる胡麻をすったりしました。もし、子供のころに戻れるテクノロジーが開発されたら、私は、この日を候補に挙げます。

初夏の「はち巻岡田」では、炭火焼の鮎を味わうことができます。私にとって鮎といえば、寒河江川の鮎です。ヤス（モリ）を右手に持ち、深みに潜り、左手で岩を摑んで身体を安定させ、岩の合間にいる鮎を突き、それを中州で焼いて食べていました。「はち巻岡田」の鮎は、その香ばしい鮎を思い出させてくれます。銀座で働いていても、野趣の風味が身近にあったりします。食で四季を感じられるのは幸せです。

とは言っても、「はち巻岡田」の真骨頂は江戸料理です。1916年（大正5年）に初代・岡田庄次氏が創業。玄関の暖簾《のれん》はよく知られていて、右から順に、川口松太郎の冬の句、久保田万太郎の春の句、里見弴が揮毫《きごう》の「舌上美」、さらに久米正雄（三汀《さんてい》）の夏の句、小島政二郎の秋の句、と続きます。もちろんどの句も、「はち巻岡田」の料理を詠んだものです。例えば、久米正雄は、次のように詠んでいます。

夏の夜を浅き香に立て岡田椀

岡田椀とは、生姜《しょうが》の風味豊かな鶏のスープです。あっさりしているので、喉にひっかかることなく、確かに夏の夜にぴったり。ごはんを入れてお茶漬け風にしてもらうのも美味しい。これを最後の〆にいただくと、また味わいに来たくなります。

どのうつわも派手さが無く、お料理と静かに調和しています。もしかしたら、それも江戸料理らしさのひとつかもしれません。

映画監督の小津安二郎も何度か足を運んだそうです。そう言われると、正面から見たお店の佇まいは、背景に障子があり、遠近感もあり、どこか小津の映画の舞台のようです。小津には『お茶漬の味』という映画作品があり、ご自身もお茶漬けが好きだったとか。小津も岡田椀のお茶漬け仕立てを味わったと思うのですが、真相はどうでしょうか。

暖簾をくぐると初代・岡田庄次氏の写真があります。庄次氏はもともと船大工の家に生まれました。料理に関しては素人だったので、勉強を重ね、夢中で働いたといいます。関東大震災のあとはトタン小屋ながら一番はじめにお店を再建したとのこと。きっと働くことが楽しかったのではないでしょうか。その喜びが、さまざまな文化人にも伝わった。写真に写った飾り気ない笑顔を見たときそう感じました。

＊**はち巻岡田**／1916年秋、京橋区尾張町1丁目（現・中央区銀座5丁目）に料理屋「岡田」として開店。初代店主庄次が、髪が落ちないようにと常に豆絞りのはち巻をしていたのが名物となり、いつしか屋号も「はち巻岡田」に。2016年には100周年を迎えた、江戸料理の名店。中央区銀座3の7の21。

6 森茉莉と贅沢貧乏と銀座

銀座４丁目の交差点から資生堂パーラーへ向かう途中の右手には、小松ストアー（現・ギンザコマツ）がある。1964年頃。

先日、森茉莉[*1]の『贅沢貧乏』を読みました。読後の感想は、もし、私がいま20歳くらいの若者なら、現代の銀座で、どれだけ贅沢貧乏な散歩ができるかを考えただろうということです。そこで、森茉莉がジャケットを売って、贅沢費を捻出したように、自分も集めた切手を売って、1人2000円の予算を得たとして、どうするかを考えてみました（それにしても2000円は安い）。

「森茉莉って知ってる？　森鷗外の娘なんだけど、資生堂パーラーのレモンのアイスクリームソーダが大好きだったらしい。資生堂パーラーには今もそのアイスクリームソーダがあって、よかったら今度どう？」と言って、文学部の先輩のA子さんを誘った私は、銀座三越のライオン前で待ち合わせすることに成功しました。

12時。和光の鐘が12回鳴って、A子さんがやってきました。銀座三越のライオンはコロナ対策のマスクをしています。もちろん私たちもマスクをしています。

まずは、歌舞伎座のほうに向かって歩き、昭和通りを左に折れて「レストラン早川[*2]」へ。手を消毒して窓際の席に着き、目玉カレー（750円）を注文。窓からは歩道に咲く紫陽花《あじさい》の花が見えました。「レストラン早川は1936年（昭和11年）の創業で、森茉莉は1903年（明治36年）生まれだから、当時33歳。結婚して仙台に

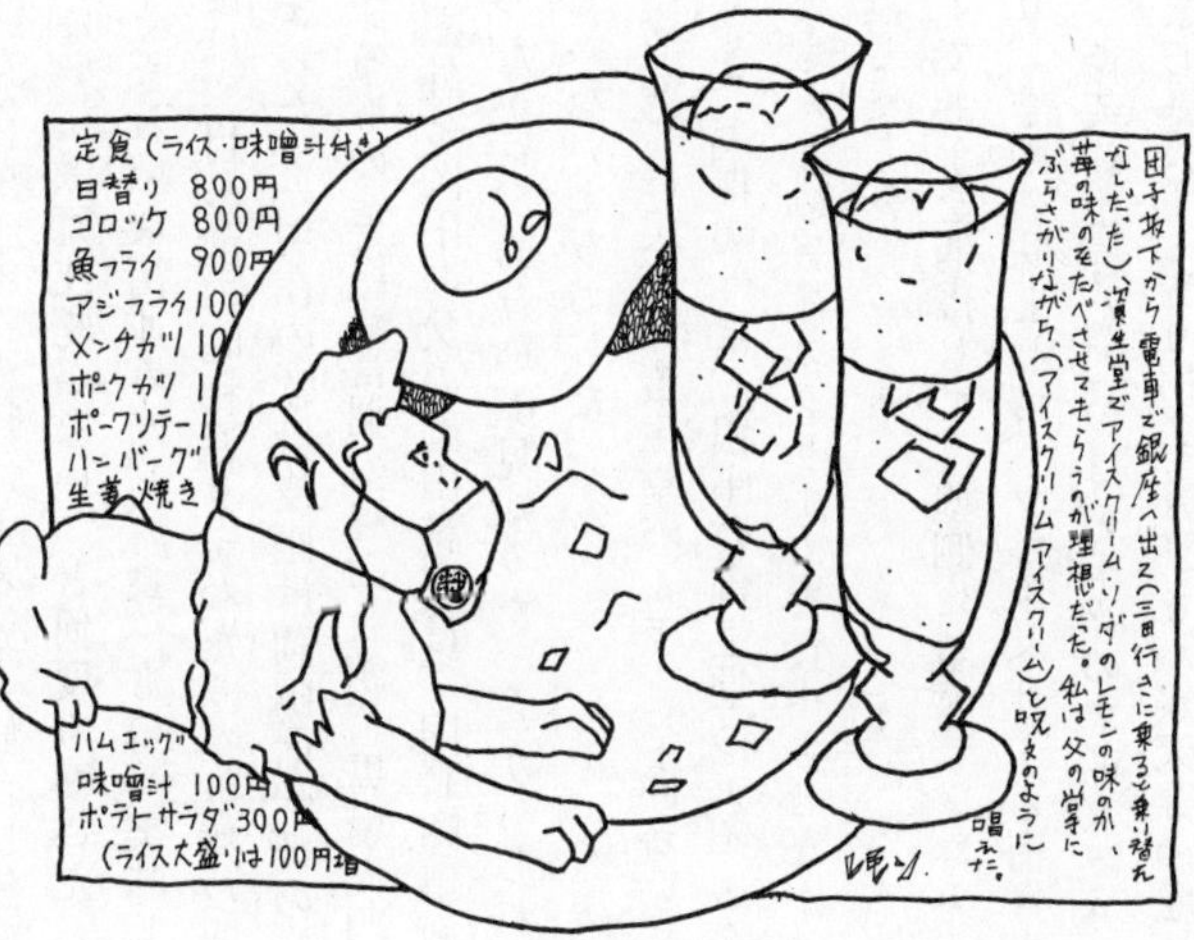
定食（ライス・味噌汁付き）
日替り　800円
コロッケ　800円
魚フライ　900円
アジフライ100
メンチカツ10
ポークカツ1
ポークソテー1
ハンバーグ
生姜焼き
ハムエッグ
味噌汁　100円
ポテトサラダ300円
（ライス大盛りは100円増
団子坂下から電車で銀座へ出て（三田行きに乗ると乗り替えなしだった）資生堂でアイスクリーム・ソーダのレモンの味のか、苺の味のをたべさせてもらうのが理想だった。私は父の掌にぶらさがりながら、（アイスクリーム　アイスクリーム）と呪文のように唱えた。
レモン

住んだこともあったけど、弟の森類《るい》によると『仙台に銀座がない、三越もない』『この町に三越がない、歌舞伎座がない』と何度も嘆いたらしい」と私は言いました。「仙台はすごくきれいな街並みだし、食べものも美味しいのに」とA子さんは答えました。食後は、目の前の昭和通りをわたり、歌舞伎座を見学しました。私は次のように言いました。「現在の歌舞伎座は岡田信一郎の意匠を踏襲しているが、彼の設計で現存するものには、音羽の鳩山会館、馬場先門の明治生命館がある」。少しおいて、「森鷗外と岡田の父の岡田謙吉は、同じ陸軍衛生部の所属で、上官も同じ石黒忠悳《ただのり》だったから、お互い顔見知りだったかもしれない」。しかし、この話は、あまり響いていないようでした。

中央通り（銀座通り）に戻り、資生堂パーラーに向かいました。みゆき通りの信号を待っているとき、「森鷗外は、銀座の資生堂のアイスクリーム以外、そこらの横丁の店では子どもたちにアイスクリームを食べさせなかった。衛生に気を遣っていたらしい」と話しました。

資生堂パーラーでも手を消毒して、壁側に着席。メニューにはアイスクリームソーダと書いてあり、季節の味として、ブルーベリーと梅もありました。どれにするか迷いましたが、森茉莉が好んだのはレモンのアイスクリームソーダだったので、こちらを注文しました（1150円）。A子さんが天井の絵について質問すると、ウエイターの方が礼儀正しく、「流麻二果《ながれまにか》さんの作品です」と答えました。いよいよアイスクリームソーダが運ばれてきました。鷗外の時代と変わらない味を愉《たの》しめるのは銀座ならでは。そして次のような会話を交わしました。

「森茉莉は、『或日の夕食』というエッセイで、長嶋茂雄が持つ感覚を《動物的カン》と呼んでいて、動物たちの鋭く柔軟なカンは極少数の人間の中にだけ生きていると書いている。これからの時代、そういう野生のカンのようなものがより必要になってくると思うんだ」

「ようやく自分の意見が出た。私は現代アートに興味があるけど、きっとアーティストには動物的カンが備わっていると思う」

「あ、森茉莉もだけど具体的に、北斎と写楽、鶴屋南北、室生犀星や泉鏡花、深沢七郎、小澤征爾らの名前をあげて、人力以上のことをやる人間というものは皆、動物のカンを持っていると書いていた」

「そういえば、銀座の街にはじつはアートがたくさんあるって聞いたけど、そうなの？」

「たぶんそう。次回はそれを探しに行こう」

こうして、レモンのアイスクリームソーダがなくなるまでの時間で、私は「次」の約束を取り付けることができたのでした。銀座の２０００円の贅沢貧乏は大成功となりました。

＊1 森茉莉／1903〜'87年。東京生まれ。森鷗外と2番めの妻志げの長女。生来病弱だったため、特に父の溺愛をうけて成長した。20代で2度の離婚を経験。初婚時代の滞仏体験を経て、幻想的な芸術世界を艶美繊細に築きあげる文学的資質が開花した。50歳を過ぎて父についての回想記『父の帽子』で評価を得、その後は独自の創作を展開した。著書に『貧乏サヴァラン』『恋人たちの森』『甘い蜜の部屋』など多数。

＊2 レストラン早川／1936年創業の銀座の老舗洋食店のひとつ。目玉カレー、オムライス、コロッケや魚フライも評判。中央区銀座4の10の7 早川ビル1F。

7

銀座の紫陽花

銀座３丁目並木通り。現在のユニクロ TOKYO 前。駐車禁止の標識のところには、いま、紫陽花が植えられている。

毎年、梅雨の時期になると、銀座には紫陽花が多いと感じていました。そこで、2020年7月1日、どれくらいの数の紫陽花があるのか、総力をあげてカウントしてみました。

カウントに協力してくれたのは、画家の朝比奈敦子さんとデザイナーの小澤修子さん。まずは森岡書店に集合しカウントする地域を決めました。銀座1丁目から3丁目は私・森岡、銀座4丁目から6丁目は朝比奈さん、銀座7丁目と8丁目は小澤さんが担当することに。紫陽花の数はLINEグループに入力していきます。花の数ではなく株を数えます。朝比奈さんから「私、**ブルックナー**[*1]好きなのですが、『交響曲第5番』を聴きながら探してみませんか」という提案があり、了承されました。森岡書店を出発するときには、お互いの健闘を誓いあいました。

しばらくすると、朝比奈さんからコメントがありました。

「いま銀座4丁目中央通りです。紫陽花はどこにも見あたらなく……。何かの間違いではないでしょうか」

「朝比奈さん、血眼になって探してください!!」私は語気を強めました。

「ラジャー」と朝比奈さんからの返信がきました。

次に小澤さんからコメントがありました。

「風の詩」は、2020年7月30日
現在、コロナウィルスのため、テーブルに
置かれてはいないが、ウェイトレスの方に
お願いすると、レジ奥から出してくれる。
ベートーベンは、毎朝、コーヒー豆を60粒
正確に数え、トルコ式のコーヒーミル
で挽いて飲んでいたという。
風の詩
2020
(6月28日~)
味加減がお好みに
合わないときは
淹れ直いたします。
P
24H
銀座3丁目
紫陽花を
さがして銀ぶら
楽ーいな

「いま昭和通り銀座7丁目歩道橋の上にいます。ここから、かなりの数の紫陽花が見えます」

「キタァー!! 小澤さん、どんどんカウントしてください！」と私は返信しました。しばらくして、ややエキサイトした私がコメントを入れました。

「いま銀座3丁目外堀通りユニクロ前。非常に大きな紫陽花があり、これはすごい！」

その紫陽花を写真に撮って送信、共有しました。

この後、朝比奈さん、小澤さんからも、続々とカウントされた数値があがってきました。やはり銀座にはたくさんの紫陽花が咲いていたのです。開始から1時間30分が経った頃、ブルックナーの「交響曲第5番」も終わり、私たちはあらかじめ集合場所に指定していた銀座7丁目の[*2]「銀座ウエスト」でおちあいました。ちょうどベートーベンの胸像の前に座れ、ウエイトレスの方にコーヒーのケーキセットを注文し、いよいよ集計発表。銀座の紫陽花の集計は以下のようになりました。「ダン、ドゥルルルルルルル、ダーン」(ドラムロール)

銀座の紫陽花の集計

外堀通り8丁目……11株
外堀通り7丁目……12株
外堀通り6丁目……18株
外堀通り5丁目……24株
外堀通り4丁目……0株
外堀通り3丁目……2株大きい
外堀通り2丁目……10株
外堀通り1丁目……2株

並木通り1丁目……9株
並木通り2丁目……16株
並木通り3丁目……22株
並木通り4丁目……15株

花椿通り西……4株
交詢社通り西……26株
マロニエ通り東……3株
松屋通り東……6株

柳通り東……24株

昭和通り1丁目東……9株
昭和通り2丁目東……3株
昭和通り3丁目東……4株
昭和通り4丁目東……1株
昭和通り5丁目東……3株
昭和通り6丁目東……7株
昭和通り7丁目東……3株
昭和通り8丁目東……2株
昭和通り8丁目西……3株
昭和通り7丁目西……7株
昭和通り6丁目西……5株
昭和通り5丁目西……4株
昭和通り4丁目西……3株
昭和通り3丁目西……6株
昭和通り2丁目西……4株
昭和通り1丁目西……5株

「銀座には合計273株の紫陽花がありました」

「おお!!」「パチパチパチ」。一同、控えめに拍手をしました。

「かつて銀座を紫陽花の咲く街にしようとした人がいたということでしょう」と朝比奈さんが冷静に言いました。

「銀座の中心部より周囲のほうが多い。だからあまり目立たない。ところで紫陽花の花言葉って何」と小澤さんがたずねました。

検索した私は「代表的な花言葉は『移り気』。『一家団欒《だんらん》』という意味もある。確かに銀座にはどちらもある」と答えました。

テーブルに運ばれてきたケーキは、朝比奈さんがゴルゴンゾーラのシュークリームで、小澤さんがサバラン、私はショートケーキ。ケーキをいただく前に朝比奈さんが言いました。「ブルックナーは数を数えるのが好きで、並木の木の葉を一枚一枚数えていたらしい。もしブルックナーがいま銀座にいたら、私たちみたいに紫陽花を数えたかもね」

＊1 ブルックナー／アントン・ブルックナー。1824～'96年。19世紀後半に活躍した、オーストリアの作曲家でオルガニスト。交響曲と宗教音楽の大家として知られている。

＊2 銀座ウエスト／洋菓子舗ウエスト 銀座本店。１９４７年創業の洋菓子店で、味はもちろんのこと、気品にあふれながらも居心地の良い空間が幅広い世代から愛され続けている。中央区銀座7の3の6。

8 考現学と童画の1925年

今和次郎らの調査によると、1925年初夏の銀座通りにおける女性の洋装は1%のみで、和装が99%だったようだ。

小雨がふり出しそうな空が広がる1925年（大正14年）5月9日土曜日。自宅のある阿佐ケ谷駅から省線（現・JR）に乗った私と妻、二人の娘は、乗り換えを経て有楽町駅で下車し、数寄屋橋を渡って銀座に入りました。

まずは、教文館[*1]の書棚で絵本を見て、東京社が版元の「コドモノクニ」[*2]5月号を求めました。斜向《はす》かいの銀座3丁目交差点角には、去る5月1日、松屋デパート（現・松屋銀座）がオープンしました。鉄筋コンクリート8階・地下1階建ての偉容。なかに入ってみると、大ホールの吹き抜けと豪華な階段に、一同、度肝を抜かれました。一昨年の関東大震災の復興が一段と進んだことを実感しました。松屋デパートをあとにした私たちは、尾張町の交差点（現・銀座4丁目交差点）を渡り、竹川町（現・銀座7丁目）の資生堂陳列場（現・資生堂ギャラリー）に向かいました。

その道すがら、ジャンパーを着た、如何《いか》にも不思議な人に出会いました。新橋方向から歩いてきたその人は、私たちの目の前に立ち、「少し時間をくださりませんか。あやしいものではありません。銀座通りを歩く人の服装を観察しております。ほんの数分」というようなことを言うやいなや、私と妻の洋装をスケッチしはじめました。

「帽子やジャケットの種類、衿や髭のかたちなど、現代人の風俗を採集しています。

『アルバイトに挿絵を描き始めた
1921年頃、武井の心には、
子どもの魂に触れるよう
自分の全力を尽くし、自分の芸術
をつくるつもりで子どものための
絵を描こうという決意が生まれる』
（資生堂ギャラリー七十五年史　赤木理香子氏の
テキストを引用）
1924年頃の武井武雄
1924年頃の今和次郎
『銀座そのものは東京の風俗カルチュアの
一大中心と認められ、その伝播は、
東京の縁辺へ、またわが国のほとんど
全地方へゆきわたる性質を
もっている』
（東京銀座街風俗記録より）

特に洋装の女性はめずらしい。初めてお見かけしました」とも。

「なんだか分かりませんが、採集というのは、昆虫採集のようで、楽しそうですね」と私は言いました。

「10年、100年後の人びとに、この私たちの仕事が残される可能性があることを思うとさらに愉快になります」とその男性は話しつつ、描いていきました。

この日、資生堂陳列場では、**武井武雄**[*3]氏童画展覧会（5月8日〜13日）が開催されていました。武井氏は、文学の付属品と考えられていた童話の挿画を、大人がこどものために描く絵画、すなわち「童画」と名づけました。私はこの新しい考え方にすごく興味を持っていました。会場には50点ほどの作品が展示してあり、二人の娘は、「鳥の港」という童画を好きになったようでした。武井氏は、会場の一角で、「萬朝報《よろず》」の新聞記者から取材を受け、「大人の見る展覧会は有り過ぎる程開かれるのに、こどもの見る展覧会がない」と答えていました。

武井氏は、紺色のスーツに、セミワイドカラーのシャツ、ワイン色のネクタイ、整った髭。もしかしたら、さっきのジャンパーの人は、武井氏のスタイルも採集したかもしれないと思ったりしました。資生堂陳列場を出て有楽町駅（新橋駅は工事中）に戻る途中、**森永キャンデーストア**[*4]銀座店でココアを飲みました。

それから5年が経った1930年（昭和5年）のある日、私はまた銀座にいました。教文館で春陽堂から刊行された『モデルノロヂオ 考現学』を入手し、松屋地下室喫茶部に持ち込んで開きました。著者は今和次郎[*5]と吉田謙吉[*6]。読みたかったのは、1925年の5月7日、9日、11日、16日に調査したという「東京銀座街風俗記録」。帽子やジャケットの種類、衿や髭のかたちなどが、味わいあるイラストとともに、きっちり分類されています。私をスケッチしたジャンパーの人は、今和次《こんわじ》郎《ろう》その人だったのです。現代の風俗を採集する学問を、今和次郎は、「考現学」と名づけていました。

東京が壊滅的な災害を被った関東大震災がおきたのは1923年（大正12年）9月のこと。そして、今和次郎が考現学という考え方で銀座を調査したのは1925年。武井武雄が童画を打ち出したのも1925年。ちなみに柳宗悦[*7]が「民藝」という言葉を用いたのも1925年の末。芳ばしい香りの珈琲を口にしながら、私はこう思いました。惨禍の後にこそ、あたらしい考え方が生まれる。

※これは史実をもとにしたフィクションです。

＊1 教文館／1885年、アメリカから派遣されたメソジスト監督教会の宣教師たちが、伝道などを目的に出版活動をするための組織としてスタート、'91年に銀座に書店を開店した。老舗のキリスト教書店である。中央区銀座4の5の1。

＊2 コドモノクニ／1922年1月〜'44年3月、東京社（現・ハースト婦人画報社）から出版されていた児童雑誌。

＊3 武井武雄／1894〜1983年。長野県生まれ。童画家、版画家、童話作家、造本作家。1919年東京美術学校西洋画科卒業。同研究科修了後、「子供之友」などの児童雑誌に絵を描いていた。

＊4 森永キャンデーストア／1923年4月、森永製菓が丸ビルにティールーム＆レストランを開店。同年12月、銀座6丁目に銀座店開店。

＊5 今和次郎／1888〜1973年。青森県生まれ。民俗学研究者。民家・服装研究などで業績があり、「考現学」を提唱し、建築学、住居生活や意匠の研究を行った。

＊6 吉田謙吉／1897〜1982年。東京生まれ。舞台装置家、映画の美術監督、衣装デザイナー、タイポグラフィ作家。そのほか考現学採集、装幀、文筆業など多彩なジャンルで活躍した。

＊7 柳宗悦《やなぎむねよし》／1889〜1961年。東京生まれ。民藝運動を起こした思想家、美学者、宗教哲学者。1910年、学習院高等科卒業の頃に文芸雑誌「白樺」の創刊に参加。'13年に東京帝国大学（現・東京大学）哲学科を卒業。民藝運動の父とも呼ばれ、現代にもさまざまな書物が読み継がれている。

9

1600年頃の銀座

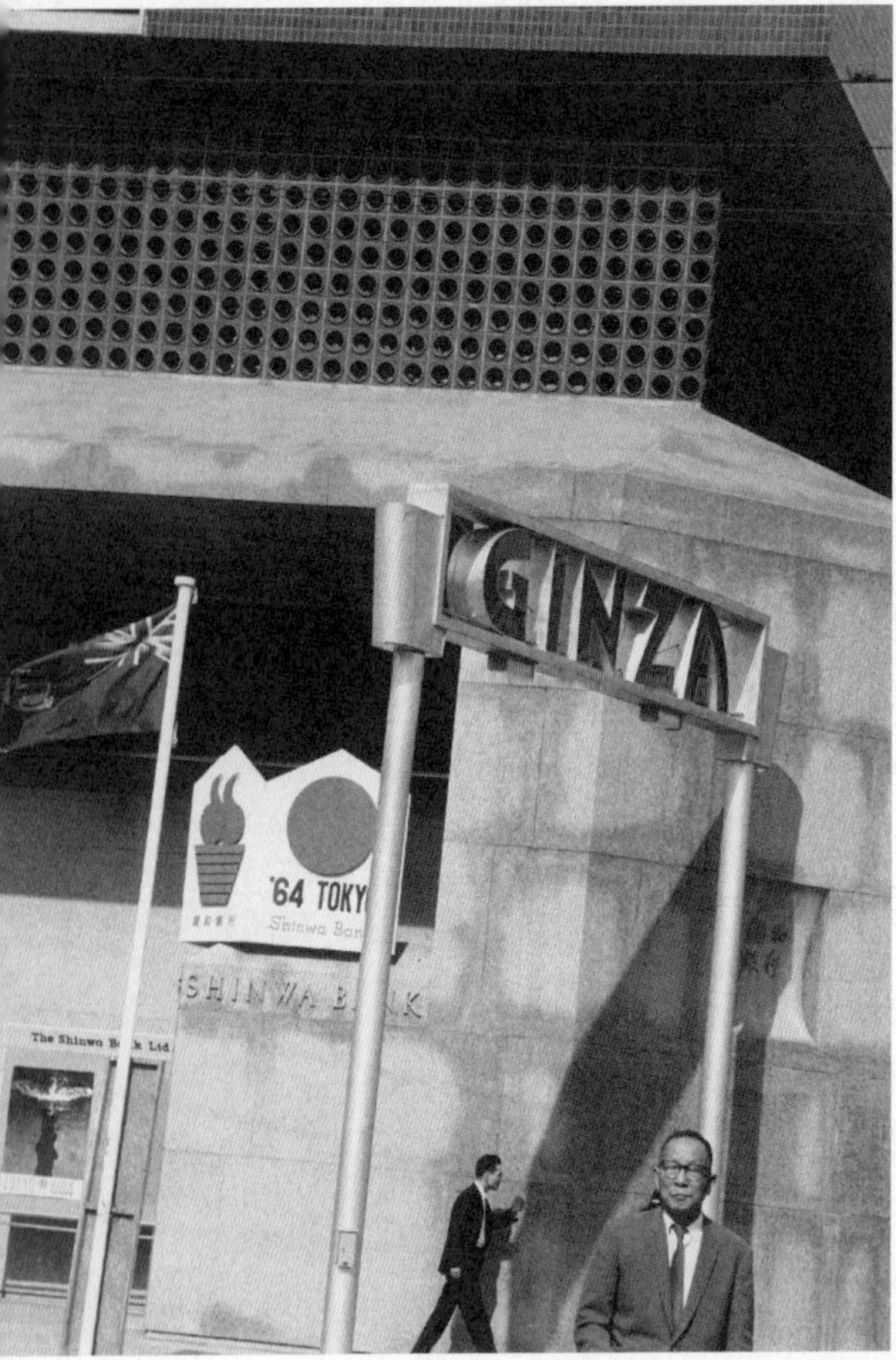

1968年の三原橋付近。当時、銀座には「GINZA」というゲートが8つあったという。

緊急事態宣言が発令されて１カ月がたった２０２０年５月、地下鉄から出て銀座４丁目交差点に上がると、風が吹いて、ふと潮の香りがしました。そんなことは初めてだったので、気のせいかと思いました。でも、後日、ある方にそれを話すと、その方も銀座７丁目で「潮の香りがした」とのこと。地形図を見ると、もともと銀座は、江戸前島という半島だから、潮の香りがしても不思議ではなく、むしろ、それが本来の姿なのかもしれません。周囲の埋め立ては、天正18年（１５９０年）頃の家康入城とともに始まったといいます。そこで、もし江戸時代初期に、銀座４丁目交差点の場所に立ったとしたら、どんな風景が見えたかを想像してみました。

現在、銀座４丁目交差点から海を見ることはできませんが、寛永９年（１６３２年）刊とされる「武州豊嶋郡江戸庄図《ぶしゅうとしまごおりえどのしょうず》」を見ると、現在の三原橋《みはらばし》付近から先が海でした（三原橋の橋自体はまだ存在していません）。そうすると、この方向を見れば、江《え》戸湊《どみなと》の水平線が見えたと考えられます。もしかしたら、房総半島の山々の稜線も遠くに見えたかもしれません。

有楽町のほうに目を移すと、「武州豊嶋郡江戸庄図」では、すでに有楽町界隈は陸地になっていて、江戸城の数寄屋橋門と堀があります。調べてみると、有楽町付近の埋め立てが実施されたのは文禄元年（１５９３年）。それ以前は、日比谷入江の浅瀬だったので、こちら側にも海面が見えたということになります。その先には富

士山も見えたでしょう。

『銀座を歩く』（岡本哲志、講談社文庫）には、江戸時代の銀座通りについて、以下の記述があります。

「新橋側を見ると何が見えたかといえば、増上寺の大屋根である。銀座通りの軸が増上寺近くの小山をポイントにつくられた」。調べてみると、増上寺は、平河町付近から、日比谷を経て、慶長3年（1598年）に家康によって現在地の芝へ移されました。当時、新橋のほうには、増上寺の大屋根が見えていたのです。増上寺近くの小山とはどこなのか地図をあたってみましたが、はっきりしませんでした。愛宕山はやや西にずれています。

では京橋のほうには何が見えていたのでしょう。現在は、東京建物京橋ビルのLIXIL（リクシル）の大きな看板が視界に入ります。戦前期の絵ハガキや写真を見ると、第一相互館の赤レンガのビルがアイストップ*になっています。すなわち、現在の京橋3丁目の通り側にある建物が、この方向の風景を左右します。そこで、また寛永9年（1632年）刊とされる「武州豊嶋郡江戸庄図」を見ると……。この場所に具体的に何があったかは明記されていません。次に、宝永年間（1704〜'11年）に発行された「宝永御江戸縮図」を見ると……。「炭丁」という地名が明記されていました。地名からすると、当時、京橋3丁目には、炭を製造したり、販売する建物があったのかもしれません。もしそうだったなら、銀座4丁目交差点の場所からは、時折、炭を焼く煙が見えた時代があったということでしょう。もっとも、高速道路がかかるまでは、ずっと、橋としての「京橋」が見えていたはずです。

このように、緊急事態宣言は、潮の香りだけでなく、銀座4丁目交差点から四方に広がるイメージも運んできました。

＊アイストップ／人の視線を受け止め、注意を引くための建築、オブジェまたは樹木などのこと。

10 ソニーパークと東京大自然説

1964年のソニービル付近の地下だろう。当時最先端のテレビがお出迎え。

台風10号が去った2020年9月7日の夜、丸ノ内線の銀座駅に向かって歩いていた私は、**銀座ソニーパーク**[*1]の「植物園」に立ち寄りました。台風が去って、まるで熱帯のような湿度と暑さのなか、「植物園」のベンチに腰かけると、かすかに虫の音が聞こえました。振り返れば、**銀座メゾンエルメス**[*2]のガラスの建築が輝いています。そのコントラストに、私は「東京大自然説」を思いました。「東京大自然説」とは以下のようなものです。

私は「銀座」で仕事をしており、この街を日々見つめていますが、この大都会であっても空き地ができれば、いつのまにか草が茂っています。絵本作家の舘野鴻[*3]さんは、銀座の路上に自生している「のびる」を見つけ、水道水で洗って食べていました。今年の夏は、ドアを開けて営業していたので、何度も室内に虫が入ってきました。

港区三田で、コンクリートのビルを自力で建設している岡啓輔[*4]さんによれば、「コンクリートは石灰石の化学変化で、その歴史は古く、古代ローマのコロッセウムもコンクリートで出来ている」「東京のコンクリートの多くは、埼玉県で産出された土で出来ている」とのことです。

ガラスの原料は、珪石《けいせき》と石灰石ですし、鋼鉄は鉄鉱石、アスファルトは化石燃料です。もとはといえば、どれも天然由来なものばかり。首都高速道路の橋桁《はしげた》は錆びているところがありますし、地下鉄のコンクリートの一部は水で浸食されているように見えます。

これらのことを総合すると、東京の景色が違って見えてきます。すなわち、東京の都心を、コンクリートで覆われた、広大な岩場と考えてみてはどうでしょう。土こそ見えないが、天然由来の資源がかたちを変えて都市を構成し、年季の入った構造体から、徐々に、自然に還ろうとしている。まさにコンクリートジャングルとしての東京。万物資生としての銀座。

ところで、作家の橋本治[*5]さんは、かつて、日本人は、縄文系と弥生系に分けられると話していました。大まかにいえば、縄文系は狩猟採集で移動、弥生系は農耕で定住。近年は、デジタルメディアの発達もあり、フリーランスとして働く人が増えてきました。これは縄文系のあり方を志向する人々と考えられます。フリーランスはじっとしていては仕事がなく、仕事を獲ってこなくてはなりません。東京という巨大な岩場で、現代の縄文人たるフリーランスの人々が狩猟をしている。そんなイメージも立ち上がります。

暑く湿った風の吹く銀座ソニーパークで樹木に覆われた私の頭の中には、このイメージが、増幅されて、浮かんできました。

銀座ソニーパークの前、数寄屋橋を走る首都高速道路は、2040年頃までに撤去されることが発表されています。おそらく、そこには、かつての水辺や緑が復活するのではないでしょうか。もしそうなら、銀座ソニーパークのコンクリートと植物の光景は、銀座の未来の一端を、確かに示しています。古いものが新しく見えたときほど、新しいものはありません。

＊1 銀座ソニーパーク／2018年8月にソニービル跡地に開園した「Ginza Sony Park」は、「変わり続ける公園」がコンセプト。都会のど真ん中で癒しの時間を

過ごせるように提案する最先端の公園。中央区銀座5の3の1。

＊2 銀座メゾンエルメス／建築家レンゾ・ピアノによるガラスブロックを使った外観は銀座の目印でもある。2001年竣工。地下1階から4階はエルメス銀座店のフロア、8階はアート・ギャラリー「フォーラム」、10階は予約制のミニシアター「ル・ステュディオ」。中央区銀座5の4の1。

＊3 舘野鴻《たてのひろし》／1968年、神奈川県生まれ。幼少時より熊田千佳慕《ちかぼ》に師事。'86年より北海道に住み、音楽活動や生物観察を続け、'92年横浜に戻る。'96年秦野市に転居し本格的に生物画の世界に入る。

＊4 岡啓輔／1965年、福岡県生まれ。会社員、鳶職、鉄筋工、型枠大工などを経験。2005年、港区三田に手づくりの小さなビル「蟻鱒鳶ル（アリマストンビル）」着工、現在も建設中。

＊5 橋本治／1948〜2019年。東京生まれ。東京大学文学部国文科卒業。イラストレーターを経て、1977年、小説『桃尻娘』を発表。以後、小説・評論・戯曲・エッセイ・古典の現代語訳・芝居の演出など、ジャンルにとらわれず精力的に活動。著書に『蝶のゆくえ』『双調平家物語』『草薙の剣』など多数。

11 ドーバー ストリート マーケット ギンザと マロンパイ (贅沢貧乏として)

1964年頃のクロサワビル前。

銀座でパブリック・アートをめぐる散歩を、あらためて、A子さんに申し込んだ私は、秋の気配が感じられる2020年9月某日午後、和光の前で待ち合わせました。歩行者天国の銀座通りには人々が集い、昼間の銀座には、人々が戻っていました。「6 森茉莉と贅沢貧乏と銀座」同様、もし、私がいま20歳くらいの若者なら、現代の銀座で、どれだけ贅沢貧乏な散歩ができるかを考えただろうということの続篇です。予算は2000円。今回はスイーツも食べようと考えていました。和光の前にA子さんの姿が現れて、和光の鐘が午後3時を告げました。

まずは、晴海通りを渡り、銀座6丁目のドーバー ストリート マーケット ギンザ[*1]へ。路上では、サックスを演奏している人がいました。クロサワビルの前を左に曲がったところで、私は、「ところで芸術って何だろう」と話しかけてみました。A子さんは、「唐突だけど、とてもいい疑問だと思う。すぐに答えが出るようなものではない。今日の散歩のおわりに何かが見えたらいいね」と言いました。

ドーバー ストリート マーケット ギンザは、「BEAUTIFUL CHAOS（美しき混沌）」をテーマに、「コム デ ギャルソン」の川久保玲氏がディレクションを手がけるコンセプトストア。ここに来たのは、A子さんは、時々、「コム デ ギャルソン」のハイカットのシューズを履いていることがあるから。すずらん通りに面したエン

トランスの前で「ギャルソン好きだよね」と訊くと「5月には、『Believe in a better tomorrow』と書かれたTシャツを予約して買った」と返ってきました。検温とアルコール消毒をして入店。

ドーバー ストリート マーケットの各階には、ファッションのアイテムと共に現代アートが点在しています。A子さんはそのなかでも、各階の床を貫くような、彫刻家・名和晃平[*2]さんの作品に関心をもっていたようで、「見る度に、こちらの気持ちが反映される。これが一体何なのか。いまなら、闇を切り裂く螺《ら》旋《せん》のエネルギーのよう」と言いました。

私は、本が好きなこともあって、「JUNYA WATANABE」の、身の回りの本をテーマにしたコレクションに興味をもちました。「本を読むのではなく、着るという観点が、現代アートに近いのではないか」と私が言うと、A子さんは「自由な考え方がいい」と言いました。

エレベーターで降りようとエレベーターホールに立っているとき、私は、思い切った行動に出ました。A子さんの手を握ったのです。ただ前を見ながら。そして、エレベーターの中で、A子さんが、わずかに、手を握り返した瞬間、私は、稲妻が全身を貫くような衝撃を覚えました。百万ボルトほどありましたでしょうか。エレベーターがビルの構造体をぶち破って地中に突き抜けるような。

エレベーターを降りると「栗、好き?」と私はたずねました。「は、はい」とA子さんは答えました。

みゆき通りに出て、並木通りを右に曲がって、晴海通りを渡り右におれて、向かった先は和光アネックスティーサロン。季節限定のマロンパイ(1階のショップでの販売は600円/2021年現在は650円、ティーサロンで食べる場合には別途飲み物料金)をあらかじめ予約していました。マロンパイは午後4時に焼き上がります。「和光のマロンパイは、ここ、銀座4丁目で一個一個、手作りで焼いているらしい」と私は言いました。「和光はずっとここにあるだろうから、きっと何年か先にもこのマロンパイを食べたら、今日のことを思いだすだろうな」とA子さんは言いました。

和光の鐘が午後4時を告げて、焼きたてのマロンパイをいただきました。渋皮栗の風味が美味しかったです。

＊1 ドーバー ストリート マーケット ギンザ／「コム デ ギャルソン（COMME des GARÇONS）」の川久保玲がディレクションするコンセプトストア。２０１２年3月オープン。中央区銀座6の9の5。

＊2 名和晃平／１９７５年、大阪生まれ。彫刻家。京都市立芸術大学美術学部彫刻専攻卒業。京都芸術大学教授。独自の「PixCell」という概念を機軸に多様な表現を展開。２００９年京都市伏見区にクリエイティブ・プラットフォーム「SANDWICH」設立。

12　木村屋のあんぱん

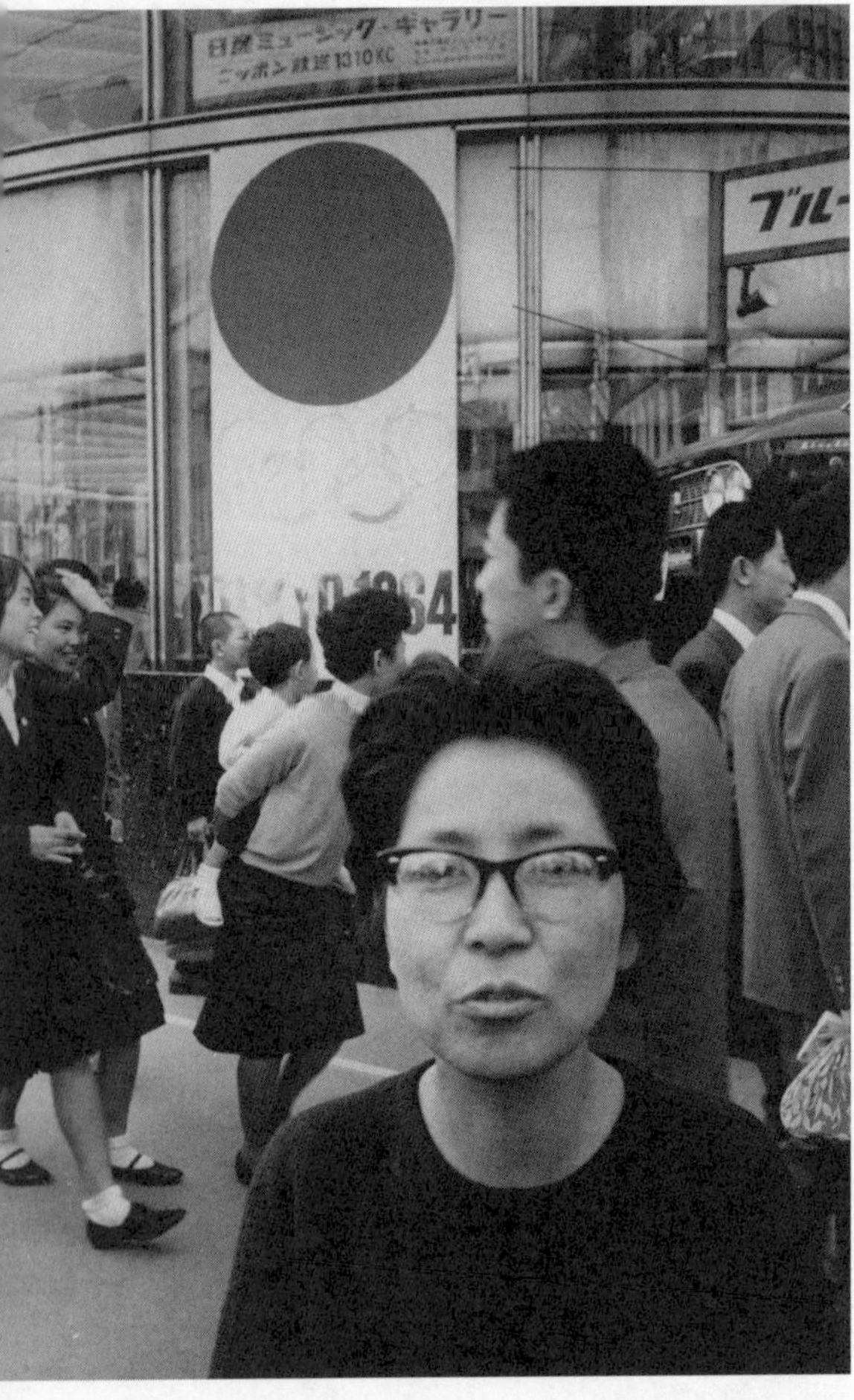

女性の視線の先には、木村屋の看板も見えていただろう。

先日、画家の平松麻さんの展覧会を、麻布台にあるGallery SU（ギャラリー エス・ユウ）に訪ねたとき、差し入れとして、銀座[*1] 木村屋總本店の「あんぱん」を持参しました。まず自分が好きだという理由がありますが、季節ごとに違うパンがあり、それを届けるのも魅力のひとつだと思っています。今回は、「くりかぼちゃ」のパンでした。

平松麻さんに紙袋を手渡すと、「木村屋のあんぱん大好き。あんぱんの重さが感じられる」と言って、喜んでくださいました。Gallery SUの山内彩子さんも「銀座を代表するものだものね」と微笑んでくださいました。

木村屋のあんぱんはひとつ170円（税抜）です。日本で一番地価が高いのは銀座4丁目交差点付近ですが、そのすぐ近くで売られているものが170円のあんぱんというのは、考えてみればすごいことです。

木村屋は、1869年（明治2年）に現在の新橋駅付近で創業しました。その後、現在のGINZA PLACE付近、三越付近と移転を経て、現在の場所に店舗を構えました。木村屋の看板の文字が書かれたのは1875年。元幕臣で、書にも優れた**山[*2]岡鉄舟**が書きました。鉄舟は、身長188cm、体重105kgと伝えられ、江戸無血開城の際は、事前に駿府にいた官軍の総大将・西郷隆盛のところに、**ノ[*3]ーアポのうえ一人でのりこみ、直談判をしたという説**もあります。そんな豪傑の大男も、木村屋の小さくて甘いあんぱんが大好きだったということでしょう。

鉄舟は生粋《きっすい》の江戸っ子でした。『江戸語大辞典 新装版』（講談社）を開いてみると、江戸語では「おいしい」のことを「いしい」と言ったと書いてあるので、あんぱんを頬ばった鉄舟は、「いしい」と言ったかもしれません。

それからおよそ100年後の1970年代、木村屋の手前を歩く女を撮影する男がいました。女の名前はオノ・ヨーコ、男の名前はジョン・レノン。このときの小さな写真が、『Ａ《ア》ｉ《イ》ジョン・レノンが見た日本』（ちくま文庫）に収録されています。この本は、ジョン・レノンが絵とローマ字を使って日本語を学んだスケッチブックです。二人がこの後、木村屋に入り、あんぱんを買ったかどうかが気になります。もし買ったなら木村屋の店頭に言い伝えが残っているかもしれない。そう思って、「１９７０年代にジョン・レノンとオノ・ヨーコが来たという言い伝えが残っていませんか」と店頭で訊いてみると……。真相ははっきりしませんでした。ただ、もし、ジョン・レノンが木村屋のあんぱんを食べたなら、何と言ったかは想像できます。この本のなかで、笑顔のイラストと共に「ＡＭＡＩ」という文字を書いて日本語を練習しているので、きっと微笑みながら、「ＡＭＡＩ」と言ったのではないでしょうか。

＊１ 銀座 木村屋總本店／１８６９年創業の老舗のパン店で、店内は常にあんぱんを求める人で賑わう。首都圏７５００店舗で販売されている。中央区銀座４の５の７。

＊２ 山岡鉄舟／１８３６〜'88年。江戸の幕臣。明治維新後は一刀正伝無刀流の開祖となる。剣・禅・書の達人としても知られている。

＊３ ノーアポのうえ一人でのりこみ、直談判をしたという説／江戸からは薩摩藩士の益満休之助が同行、手配を兼ねた可能性もある。

13

銀座の酒の思い出

銀座を酒というテーマで考えると、私は、二人のことを思い出します。

かれこれ20年以上前。私は神保町の書店に勤めていました。勤務先のとなりには松村書店という洋書の美術書の専門店があり、店主の松村さんはいつも陽気で笑顔の人でした。あるとき、店先の掃き掃除をしていると、「何かスポーツやってる?」などと、話しかけてくれました。次第に一緒にそばを食べに行ったり、お寿司をつまみに行ったりするようになりました。そばを食べに行ったときは、「そばの食べ方がなってない、わさびはそばにぬって食え」と食べ方を教えてもらったりしました。あるとき、「今日は高級店に行く」という展開になり、神保町の交差点でタクシーを拾いました。平川門から内堀通りにぬけて、数寄屋橋を右折。向かった先は銀座7丁目付近でした。松村さんには古本屋の仕事以外に確実な収入があり、以後、このコースを辿って銀座でお酒を飲むようになりました。

銀座で松村さんがまず向かうのは生花店でした。高額紙幣を出しては、お釣りや領収書をもらうことなく、バラの花束を買い求めていました。松村さんはステッキをついていたので、バラの花束を持つのは私の役割。路上で生花を買うこともありました。松村さんはお酒を飲むと、「大切なのはカネじゃないぞ。小学校の体育館に貼ってあるような言葉、明るいとか素直、そういうのが大切」と言うことがあり、私はそれを聞くのが好きでした。銀座7丁目付近でバラを売っている人をみかける

と、いまでも松村さんの姿を思い出します。

もう一人は、独立して3年ほど経ったころ、よく本を買ってくださった方です。ときどき酒場でジントニックなどを一緒に飲んでいましたが、古いビアズリー*1の洋書をお探ししたときは、「高級な夕飯に行こう」という流れになりました。問題なのは、そこで飲んだワイン。私はワインのことをまったく知りませんが、そうだとしても、いかにも高そうなラベルが貼ってありました。3杯くらい飲んで顔が真っ赤になると「残りはソムリエに飲んでもらおう」とその方は言いました。すると、そばにいたソムリエの方は腰を抜かすようなかっこうになったのです。

2020年の夏、松屋銀座[*2]のデパ地下でその方と遭遇しました。お会いするのは何年ぶりでしたでしょうか。私は、ワインのことを思い出して訊ねました。「あのときのワインは何でしたか」と。その方は「ラ・ターシュだった。よい年の」と言いました。

かつてその方は、「私も若いとき助けてもらった、これを恩と思うなら、次に来た人にかえしなさい、私もそう言われたから」と言っていました。

松屋から出て銀座2丁目の交差点に立ちながら、「ラ・ターシュ」をスマホで検索した私は、あらためてこの言葉を思い出しました。マロニエ通りのマロニエの木陰がゆらゆら揺れていて、人の記憶というのは、このようにして鮮明に残っていくのだと思いました。

＊1 ビアズリー／1872～98年。オーブリー・ヴィンセント・ビアズリー。アール・ヌーヴォー時代を代表するイギリスの挿絵画家。

＊2 松屋銀座／1869年、横浜石川町に鶴屋呉服店として創業。その後、1925年に銀座3丁目に銀座営業所（銀座本店）を開業。2013年にグランドリニューアルし、現在に至る。中央区銀座3の6の1。

14
中村活字の名刺

1960年代の東銀座の地図が
写り込んでいる。

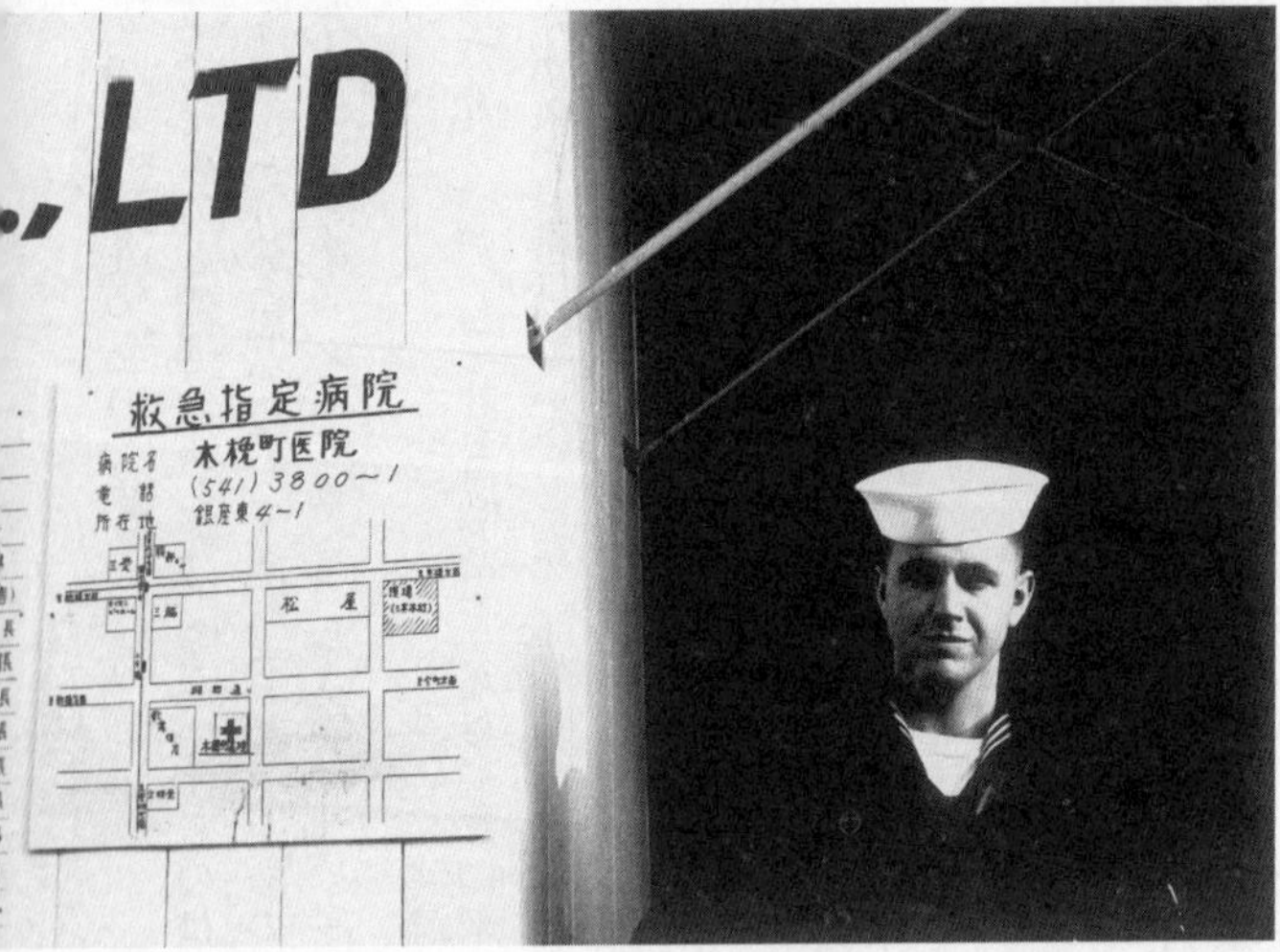

先日、東銀座（旧町名は木挽町）の中村活字*で名刺をつくってもらいました。

中村活字は、店内に「中村活字祝百周年」という書を掲げていますが、実際にはもっと古く、1910年（明治43年）の創業です。この年は、日本初の飛行実験が成功した年でもあり、新しいものが流入する銀座には、機械が明るい未来をつくるというマシンエイジ到来の雰囲気が漂っていたことでしょう。中村活字の棚にぎっしり詰まった活字と重厚な印刷機を見ると、その時代の高揚感をいまでも感じることができます。往時にタイムスリップしたような気にもなります。

「中村活字の名刺を使っていると出世する」という伝説があります。ある人は社長に、ある人は希代のカメラマンに、或いはデザイナーに。この説は、自分のところにも、飲み会などを通して、しっかりと伝わってきました。「銀座」で働いて6年目、いつかは自分も中村活字で名刺をと思っていましたが、念願かなって、ようやくその日が来ました。

とはいっても、中村活字と森岡書店は徒歩3分くらいの距離。社長の中村明久さんとは、よく往来で挨拶を交わしていました。中村さんはいつも朗らかな笑顔で話をしてくれます。成瀬《なるせ》巳喜男《みきお》監督の『秋立ちぬ』（1960年／昭和35年公開）を教えてくれたのも中村さんでした。この映画の舞台になっている八百屋は、なんと、中村活字店の目の前にある設定になっています。

中村さんはこの日も笑顔で迎えてくれて、早速、名刺のレイアウトや紙質の相談から始まりました。名刺づくりは、小さな金属の文字と、重厚な機械の操作の組み合わせです。今回、初めて工程を見学させてもらいましたが、そのひとつひとつが、手仕事以外のなにものでもないことがわかりました。おそらく印刷機の力加減ひとつで仕上がりが違ってくるでしょう。人によって好みがありますが、印刷の表面がボコボコにならず、フラットになっているのが美しいとされます。中村さんの朗らかな笑顔の背後には、繊細な手仕事がありました。

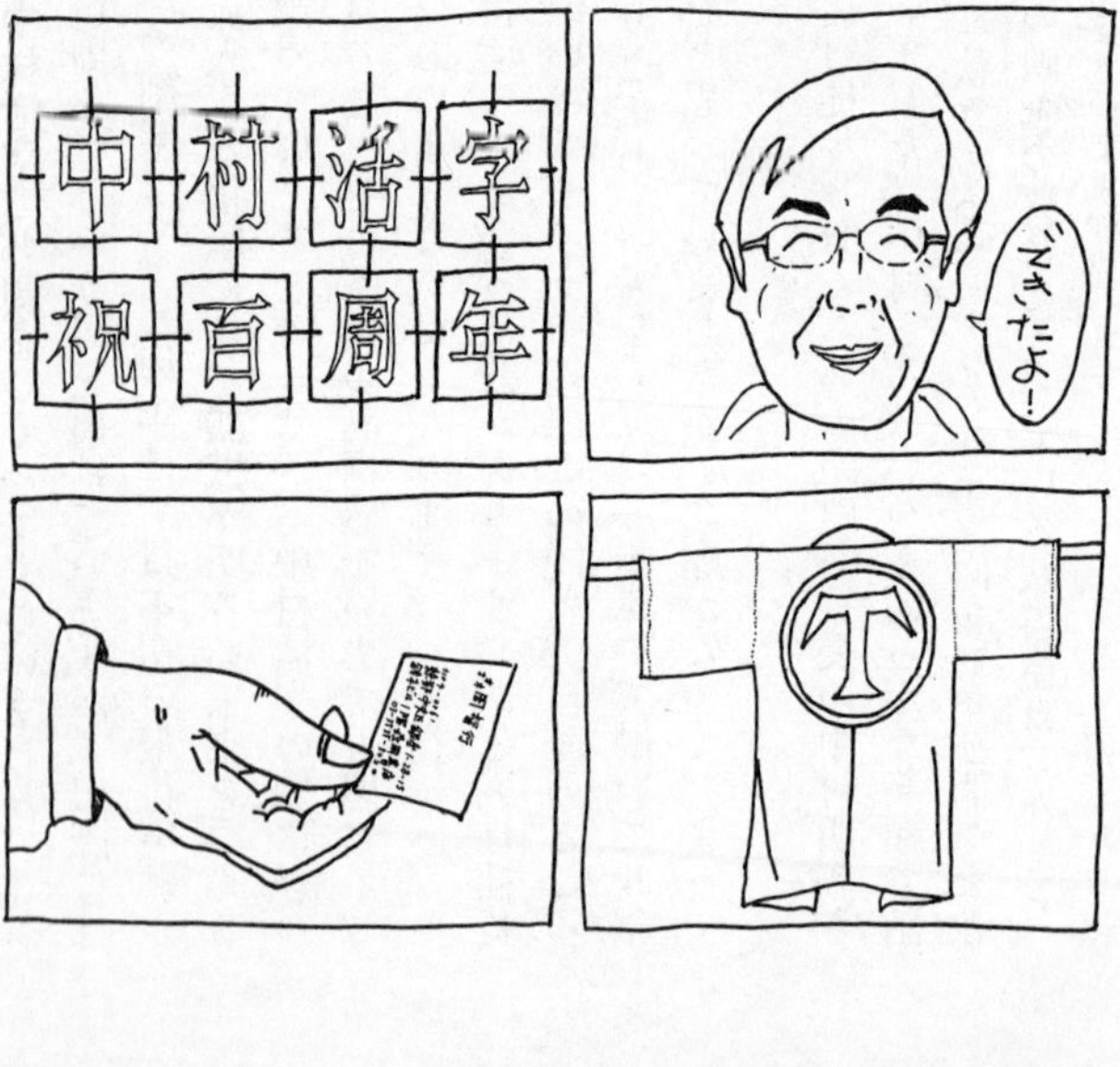

紙をあまり使わないようにしようという意見が、昨今、気候変動への対応として聞かれます。確かに森林保全のことを考えれば、名刺も本も、他の媒体に替わってしかるべきでしょう。でも中村活字の価値は、単に名刺を製造するというだけではなく、銀座の路地裏を歩いて活字の金属の山に触れることや、カウンターで中村さんと対話することにあります。たとえば、店内の法被《はっぴ》に印字されている「丸T」の意味についてたずねてみてはどうでしょうか？

この豊かさは、銀座の文化として、ずっと続いてほしい。

中村さんのつくった名刺には、朗らかな人柄と丁寧な仕事が宿っています。「中村活字の名刺を使っていると出世する」というのは、名刺の彼方に、そのような中村さんの姿を、ときどき思い出すからではないでしょうか。自分も中村さんのように仕事をしたいと思います。

＊**中村活字**／1910年、中村活版製造所創業。活字母型、活字を取り扱って110年余。活字の文化を現代に伝えている。中央区銀座2の13の7。

15

銀座三越の伊藤昊写真展

この本に写真を掲載している伊藤昊《こう》[*1]の写真展が、2020年11月22日から12月8日にかけて、森岡書店のプロデュースで銀座三越[*2]本館7階「銀座シャンデリアスカイ」で開催されました。

「銀座シャンデリアスカイ」は、銀座三越内に新設されたパブリックスペースで、大きな窓からは、銀座4丁目交差点をきれいに見渡すことができます。この角度からの眺望はこれまで見たことがありませんでした。本展が「銀座シャンデリアスカイ」のこけら落としとなりました。

伊藤昊は、東京オリンピック開催に沸く1964年（昭和39年）秋の銀座を撮影し、そのうち150枚ほどを現像しています。そのなかから、本展のメインビジュアルとして、前頁の写真を選びました。選択の決め手になったのは、以下のふたつの理由です。

ひとつ目は、なんといっても、銀座三越のエントランスで撮影された写真だからです。着飾った男女は、おそらく新婚の夫婦でしょう。男性は白手袋をしているのですが、当時、新婚旅行の際に、白手袋をする風習があったと聞きます。女性は、秋にしては毛皮のコートを着て、いかにも厚着です。もしかしたら、北海道など、すでに寒い地域から、新婚旅行とオリンピック観戦を兼ねて来たのかもしれません。男性の持つ四角いカバンと、女性が持つ網の手提げには、同じタグが付いています。

飛行機で羽田空港に降りたち、モノレールに乗って浜松町駅を経て、いま銀座に到着したというルートが想像できます。女性の視線の先にあるのは三愛ドリームセンターでしょう。いくつもの未来が立ち現れたことへの驚きの表情のようです。1964年の銀座三越は、内にも外にも、希望や夢があふれていました。前途洋々の新婚旅行になったことでしょう。そういえば、11月22日はいい夫婦の日でもあります。

ふたつ目は、実はこれは文筆家の大竹昭子さんが気づいた視点なのですが、通りを歩く女性と、銀座三越のなかから出てくる男性が、風呂敷で何かを包んで持ち歩いていることです。

ここからは私の意見です。2020年11月22日現在、日本における新型コロナウイルス感染症は第3波をむかえ拡大しています。コロナ禍にはさまざまな要因があるのでしょうが、人類による生態系の破壊が影響しているという意見を目にしたことがあります。いずれにしても、いまサステナブルな観点が求められているのは確かなことです。出来ることから無理なく取り組むとき、買い物袋を無くす、というのは比較的容易にできることのひとつです。風呂敷を持つ習慣が見直されてしかるべき時期にさしかかってきました。そんな観点からもこの写真を選びました。

ぜひこの機会に「銀座シャンデリア スカイ」にお出かけください、素晴らしい銀座の眺望も待っています、と必ずしも大きな声で言えないのが、昨今のコロナ禍

RICOH
100% Eco-Powered Billboard
RICOH San-ai RICOH
鳩居堂
RICOH
SEIKO

の現状でもあります。でもそこにも希望があるとするなら、この写真のなかにあった新しい未来とは方向性のちがう、また別の新しい未来が、すぐそこに待っているということではないでしょうか。

＊1 伊藤昊／1943〜2015年。大阪生まれ。東京綜合写真専門学校卒業後、同校の教務部に就職。この頃に写真展を2度開催する。同校を退職後はフリーのカメラマンとなる。その後、栃木県益子に移住し、塚本製陶所の研修生となる。'81年に築窯《ちくよう》し陶芸家として独立。その後は晩年まで陶芸家として活動した。

＊2 銀座三越／1673年に三井高利が越後屋を創業。その後、店章・屋号・商号の変更を繰り返し、1928年商号を三越に。'30年4月に銀座店開店。中央区銀座4の6の16。

16

空也餅と『吾輩は猫である』

現在のブルガリ 銀座タワーの場所は、1964年は三共薬局、1905年頃には服部書店があった。

銀座６丁目並木通りの空也[*1]といえば、最中が有名ですが、毎年11月と1月半ばから２月半ばまでの期間限定で、空也餅という、餅菓子を買うことができます。空也餅は、夏目漱石の『吾輩は猫である』（新潮文庫）で、以下のように述べられていることでも知られています。

「主人はまたやられたと思いながら何も云わずに空也《くうや》餅《もち》を頬張って口をもごもご云わしている」

「『こりゃ面白い』と迷亭も空也餅を頬張る」

店内には、野上彌生子《やえこ》[*2]の筆による「空也」という書があるので、漱石の門人だった野上彌生子も、きっと『吾輩は猫である』の空也餅の記述を読んだことでしょう。

ところで、『吾輩は猫である』が最初に世に出たのは、正岡子規が主宰した雑誌「ホトトギス」（１８９７年／明治30年創刊）の連載においてでした。私は、ふと空也餅が登場する「ホトトギス」が気になりました。どの号に掲載されたのか、そしてそれはどんな装幀だったのかと。

ネットでしらべてみると、国立国会図書館にオリジナルが所蔵されていることがわかりました。ただネット上では、誌面を公開していないので、やはり現地に行く

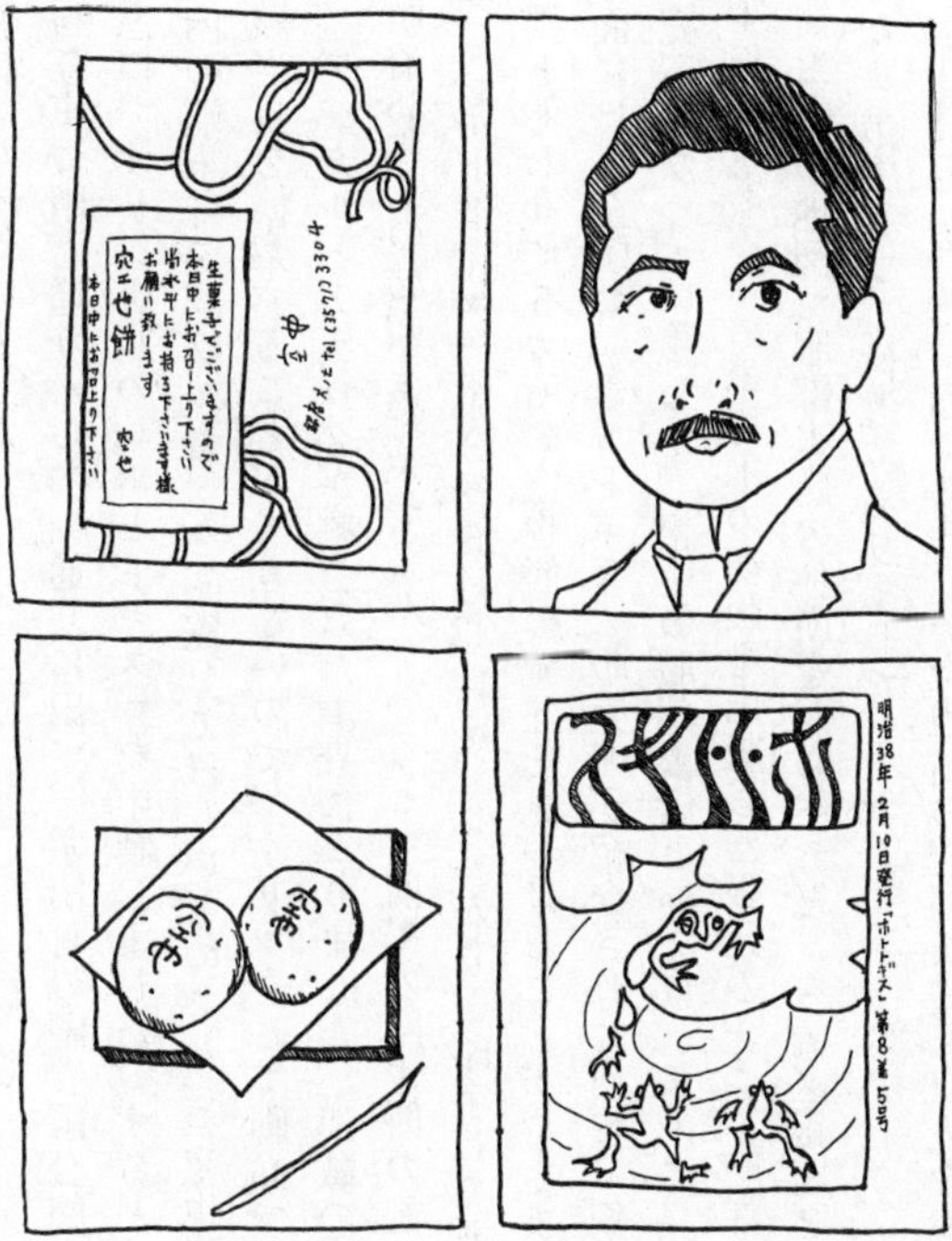
生菓子でございますので
本日中にお召し上り下さい
尚水平にお持ち下さいます様
お願い致します
空也餅
空也
本日中にお召し上り下さい
空也
銀座六ノ七 tel (3571) 3304
明治38年2月10日発行「ホトトギス」第8巻5号

必要があります。新型コロナウイルス感染拡大防止のため、国会図書館も入館が制限され、予約制になっていました。

数日後、自転車で晴海通りから内堀通りに出て、永田町の国立国会図書館に向かった私は、窓口でオリジナルの「ホトトギス」を申請しました。すると、貴重書籍のため、館内の端末でデジタル資料を閲覧してほしいとのこと。「空也餅」というワードで、該当頁を検索することができないので、クリックして画面で頁を読んでいくことに。デジタルとアナログが融合した調査になりました。連載の始まった1905年（明治38年）の誌面を端末で読んでいると、前掲の空也餅の記述は、同年2月10日発行「ホトトギス」第8巻5号33頁に、しっかりと印字してありました。全篇では前掲とあわせて5カ所の空也餅の記述を見つけることができました。

また、誌面には、全国の「ホトトギス」販売所が紹介されていて、銀座では、服部書店が販売所になっていました。銀座の服部書店といえば、名前に見覚えがあります。『吾輩は猫である』の単行本の初版を出版した版元の一つ、服部書店ではありませんか。当時の地図で服部書店の住所をしらべると、京橋区銀座2丁目9番地、現在のブルガリ 銀座タワー付近にありました。

1905年2月に『吾輩は猫である』で空也餅の記述を読んだ人をおもいながら、2020年11月のある日、私も、6個入り箱詰の空也餅を求めました。購入するには予約が必須ですが、ぜひ味わってください。爽やかな甘さの餡に、夏目漱石が好んだ甘味を実感できます。

＊1 空也／1884年創業の老舗和菓子屋。サクッとした皮の中に上品な餡が入っている最中は、名店の手土産として人気を誇る。中央区銀座6の7の19。

＊2 野上彌生子／1885〜1985年。大分県生まれ。英文学者・能楽研究家である夫、野上豊一郎とともに夏目漱石に師事。『海神丸』で注目され、『真知子』など社会的視野に立つ小説を発表。他の著書に『迷路』『秀吉と利休』など。

17 ブルーノ・タウトのミラテスと隈研吾

1964年の銀座2丁目にあった「とんかつ竹の家」。隈研吾デザインによるホテル「東京エディション銀座」は、この左側に建つ。

現在の銀座6丁目、交詢《こうじゅん》ビルの隣、今はヴェルサーチェ TOKYO GINZA のある場所には、2009年まで、当時、瀧山町ビル*1が建っていました。瀧山町ビルは、1928年(昭和3年)の竣工で、このあたりは瀧山町と呼ばれていました。

1935年2月12日、このビルの一角、並木通り沿いに、工芸店がオープンしました。店名は「ミラテス」*2。ドイツの建築家のブルーノ・タウトが店内の内装設計と看板を手がけたばかりか、販売する工芸もタウトがデザインしました。タウトは、1933年から約3年半、独裁化するナチス政権を避けて日本に滞在し、仙台と高崎では、工芸デザインの開発と指導を行いました。タウトの日記に書かれた「どんな小さなことのなかにも全世界を収めることができるものだ」という一文があります。タウトはまた、桂離宮の線と線で構成された木造の機能美に、日本の美しさを見出したことでも知られ、「ミラテス」はここで1943年12月まで営業しました。

「ミラテス」にはどんな工芸が並んでいたのでしょうか。そのひとつの例として、建築家の隈《くま》研吾が、「銀座百点」*3 2005年5月号で、以下のように、父親がミラテスで購入したことで出会った工芸についてのエピソードを書いています。

「僕がまだ小学生のころの話である。(中略)ある晩、父が応接間の棚の上のほうから、小さな木製の箱を下ろしてきた。直径二〇センチ、高さ一〇センチ程度の上品な光沢のある、円形をした蓋付きの箱であった。どろくさい民芸風でもないし、

かといって冷たい感じのするモダンデザインとも違う不思議な質感をもった小箱だった」

このような出だしで始まり、タウトが設計した熱海の旧日向別邸《ひゅうがべってい》から受けた影響に触れ、最後は以下のように結びます。

「振り返ってみれば、父が棚の上から大事そうに下ろしてきたあの小箱が僕の人生をずっとリードしてくれたような気がする。タウトが導くままに僕は図面をひいてきたといってもいい」

くしくも2021年は、銀座2丁目のマロニエ通りに、隈研吾のデザインによるホテル「東京エディション銀座」が完成する予定です（7月竣工、'22年オープン予定）。このホテルに、私は次のようなイメージを持ちました。銀座6丁目瀧山町ビルのミラテスにあったブルーノ・タウトの小箱が、隈研吾のフィルターを通して、銀座2丁目に大きなホテルとして出現する。小箱が、並木通りを遡って、マロニエ通りを右折して、フォルムとディテールを昇華しながら、ホテルのデザインに取り込まれていく。

実は、タウトは、当時の銀座の街と建築について、かなり辛口の記述をのこしています。このホテルに最もふさわしい宿泊客は誰かというと、もし叶うなら、タウトかもしれません。1935年の「ミラテス」の残照として。

＊1 瀧山町ビル／吉田謙吉（51頁参照）が内装を手がけた「機関車」というバーも入居していた。そのほか、ギャラリーやライブハウスもあった。中央区銀座6の7の12。

＊2 ミラテス／高崎で建設業を営んでいた井上房一郎が軽井沢と銀座につくった工芸のギャラリー。井上は日本滞在中のタウトを支援していた。写真家・師岡宏次の『想い出の銀座』（講談社）に収録されている並木通りを撮影した写真にはミラテスの外観が写っている。

＊3 銀座百点／「銀座のかおりをお届けする雑誌」として1955年に創刊。情報だけでなく、銀座の文化を表現することにポイントを置いて記事が掲載され、銀座の人のみならずさまざまな人々に愛されている。

18 『TIMELESS 石岡瑛子とその時代』読書感想文〜銀座の観点から〜

並木通りにあった「朝日ビル」の前。
2階では誰かが製図板に向かっている。

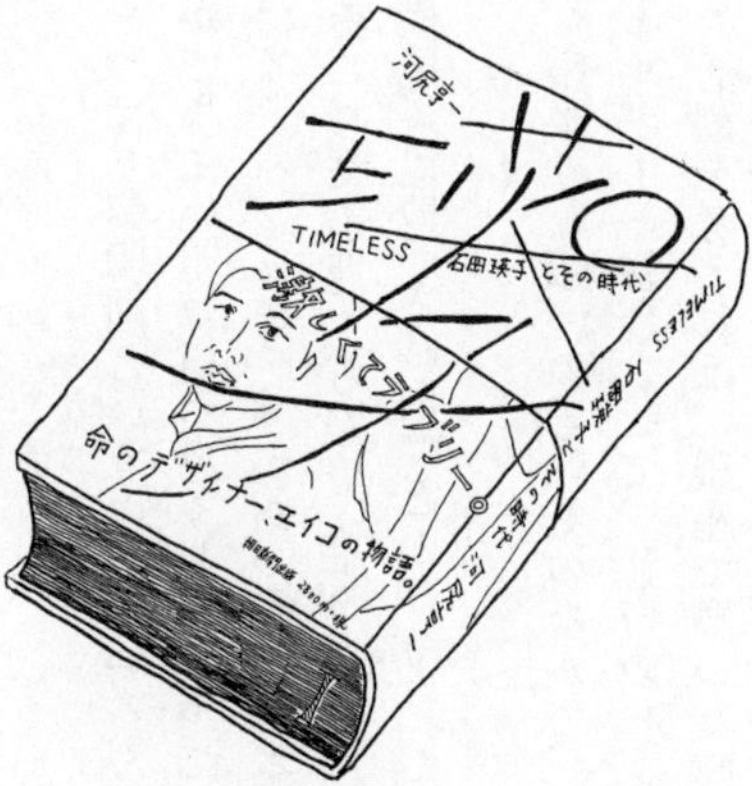

年明けのステイホームで、『TIMELESS 石岡瑛子とその時代』（河尻亨一《こういち》、朝日新聞出版）を読みました。576頁もの大著ですが、冒頭における石岡瑛子[*1]に対する質問が、本全体の基調低音となっていて、最後までこちらの心に響いてきました。すなわち、「ファスト・クリエイティブの時代をどう生きるべきか？」「どんな時代にも通用する本物とは何か？」、総じて「グラフィックデザインはサバイブできるか？」「どうすればタイムレスを表現できるのか？」ということ。

同書を読むことは、石岡がこの質問に対して述べた回答のバックボーンを追走していくことに他なりません。ときにスリリングに。まさに時間と空間を超えて。あたかも石岡の肉声が行間から聞こえてきそうな。

石岡は、東京藝術大学卒業後の１９６１年（昭和36年）に資生堂に入社し、初の女性アートディレクターとして活躍後、独立しました。この本には、全体のなかではごく一部ですが、当時の銀座の雰囲気が、石岡の後輩であった松永真《しん》[*2]の述懐として描かれています。

「やっぱり黎明期というのは、いろんな人材がいて、わっとくっつくことで新しい波ができていく。いま思うと、とっても自由だったんじゃないですかね？　銀座にはライトパブリシティがあって、日本デザインセンターもあって、昼飯どきになるとそこらで遭遇するんですよ。『あ、ライトの細谷（巖《がん》）さんがいる』とか『あれが横尾（忠則）さんか』とか。そういう時代でしたね」

このような銀座の雰囲気のなかで、石岡も、多くの才能と出会っては、持ち前のエネルギーと融合させて、独自のビジュアルを生み出していました。その後のＮＹでの活躍を考えれば、銀座で働いた時代は、たっぷりとした助走期間だったと言ってよいでしょう。

例えば、そのなかには、建築家の安藤忠雄がいました。'60年代、倉俣史朗や横尾忠則と一緒に、銀座の宝くじのＰＲコーナーを設計したときに知り会ったといいます。

当時、資生堂のショーウインドウを、およそ年10回10年間担当した、彫刻家・造形家の伊藤隆道を招聘《しょうへい》したのも石岡でした。「この人、面白い」ということで。伊藤のショーウインドウの斬新さは、銀座の風物詩となり、資生堂のクリエイションにも大きな影響を残しました。

あくまで私の意見ですが、銀座は碁盤の目状に道路がはしっているので、そのなかでの偶然の出会いや、新鮮な知見の獲得は、アナログなインターネットと言えるのではないでしょうか。検索の2次元ではなく、偶発の3次元としてのインターネット。このような銀座のイメージが立ち上がりました。

冒頭の質問に対して石岡は何と答えたのでしょう。ぜひ、同書を手に取って確かめてみてください。

私はギンザ・グラフィック・ギャラリー（ggg）で開催された

「SURVIVE - EIKO ISHIOKA／石岡瑛子 グラフィックデザインはサバイブできるか」と東京都現代美術館「石岡瑛子 血が、汗が、涙がデザインできるか」に行ってきました。時代と伴走しながら、自らを加速させていった石岡の息吹が、いまなお、作品から伝わってきます。石岡が残した言葉は、コロナ禍の私たちの指針となるものでした。

＊1 石岡瑛子／1938～2012年。東京生まれ。アートディレクター、デザイナー。東京藝術大学美術学部を卒業後、資生堂に入社。社会現象となったビューティケイクのサマー・キャンペーン（1966年）を手がける。独立後も数々の歴史的な広告を手がけた。映画『ドラキュラ』のアカデミー賞衣装デザイン賞受賞（'93年）。

＊2 松永真／1940年、東京生まれ。'64年東京藝術大学美術学部卒業後、資生堂宣伝部へ。その後'71年松永真デザイン事務所設立。主な仕事に、石岡とともに手がけた資生堂のサマー・キャンペーンや一連の平和ポスターから、ベネッセ、ISSEY MIYAKE、国立西洋美術館などのCI（コーポレート・アイデンティティ）計画など。

19 寺田寅彦「銀座アルプス」の一考察

1895年（明治28年）の夏の一時、寺田寅彦は銀座5丁目の竹葉亭の隣に住んでいた。

十一房珈琲店
フルシティーロースト

資生堂パーラー
オリジナルブレンドコーヒー

「銀座アルプス」[*1]は、寺田寅彦《とらひこ》[*2]が、昭和8年（1933年）の元日、「中央公論」2月号に掲載するために書いた銀座についてのエッセイです。銀座アルプスというタイトルは、当時、松坂屋や松屋、三越、といった高層のデパートが姿を現し、銀座が「立体的に生長」したことによります。寺田寅彦は銀座に出ては、百貨店をはじめ、コーヒーやアイスクリーム、シュークリーム、洋食などを通して銀座に親しんでいました。

冒頭で寺田寅彦は、8歳の頃、明治18年（1885年）の記憶として、銀座の冬の夜について、以下のように述べています。少し長くなりますが引用します。

「どんな芝居であったかほとんど記憶がないが、ただ『船《ふな》弁慶《べんけい》』で知盛《とももり》の幽霊が登場し、それがきらきらする薙刀《なぎなた》を持って、くるくる回りながら進んだり退いたりしたその凄惨に美しい姿だけが明瞭に印象に残っている。それは、たしか先代の左団次であったらしい。そうして相手の弁慶は

おそらく団十郎ではなかったかと思われるが、不思議と弁慶の印象のほうはきれいに消えてなくなってしまっている。しかし時の敗者たる知盛の幽霊に対して、子供心にもひどく同情というかなんというかわからない感情をいだいたものと見えて、そういう心持ちが今でもちゃんと残留しているのである。（中略）芝居がはねて後に一同で銀座までぶらぶら歩いたものらしい。そうして当時の玉屋の店へはいって父が時計か何かをひやかしたと思われる。とにかくその時の玉屋の店の光景だけは実にはっきりした映像としていつでも眼前に呼び出すことができる」（小宮豊隆編『寺田寅彦随筆集 第4巻』所収、岩波文庫）

玉屋とは、当時、測量機器や時計、眼鏡を販売していた老舗で、現在の銀座3丁目「HUBLOT Boutique GINZA（ウブロ・ブティック・ギンザ）」と「Loro Piana（ロロ・ピアーナ）」がある場所に店を構えていました。そして、この記憶について寺田寅彦は、次のように続けます。

「この銀座の冬の夜の記憶が、どういうものかひどく感傷的な色彩を帯びて自分の生涯につきまとって来た。それにはおそらく何か深い理由があるであろうが、それに関する手がかりは、自分の意識の世界からはどうしても探り出すことができないのである」(同前)

ここで私が問題にしたいのは、寺田寅彦が、「自分の生涯につきまとって来た」と書いている点です。なぜ、そうなったか。『夏目漱石とクラシック音楽』(瀧井敬子、毎日新聞出版)で、土佐藩出身の寺田寅彦の父に関する以下の文章を読んだとき、その理由が透けて見えました。

「文久元年(一八六一)旧暦三月の桃の節句に、酒に酔った土佐藩の上士二人と下士二人がぶつかって喧嘩となり、二言三言言い争っているうちに、上士一人と下士一人が斬り合って死んだ。上士と下士は日頃から対立していた。生き残った下士は、寅彦の父利正の実弟であり、その十九歳の実弟の切腹の介錯をしたのが、当時二十五歳だった利正であった。この井口村刃傷事件によって、彼(寅彦の父)は実弟の自害の介錯をしなければならなかった」

寺田寅彦は、この話を、祖母や母、姉から、少年時代に聞かされたといいます。その無念たるや。あくまで自分の仮説ですが、家族の歴史が、あの芝居と結びついたのではないでしょうか。寺田寅彦は次のようにも述べています。

「みんな心の中に何かしらある名状し難い空虚を感じている。銀座の舗道を歩いたらその空虚が満たされそうな気がして出かける。ちょっとした買い物でもしたり、一杯の熱いコーヒーでも飲めば、一時だけでもそれが満たされたような気がする」（同前掲）

銀座に空虚は似合いませんが、谷があるからこそ山があるのは確かなこと。「銀座」とは、その意味において、アルプスなのではないかとも思いました。

＊1 銀座アルプス／「中央公論」初出時は吉村冬彦の筆名による。30篇の随筆を収録した傑作選として『銀座アルプス』（角川ソフィア文庫）も刊行されている。

＊2 寺田寅彦／1878～1935年。東京生まれ。物理学者として世界的な業績を残した研究者。また「コーヒー哲学序説」など名随筆も数多く残している。

20 ガス灯と新聞と銀座

昭和の蛍光灯で新聞を読む人。
奥野ビルにて。

２０２０年、法政大学総長（当時）の田中優子さんと対談をさせていただいたとき、光と紙の関係について、興味深い話を聞くことができました。

「江戸時代の本は手にしてみると、感触が独特でびっくりするほど軽いんです。また当時、行灯《あんどん》の薄暗い光で本は読まれていましたが、本当に読めるのか実験したことがあります。すると、現代の紙とインクの本は読むのが困難なのに、和紙に墨という組み合わせだと実際に読めたんです。その時に〝モノ〟としての本と読む〝場〟は大事だと実感しました」（「HOSEI ONLINE」'20年8月21日）

読むという行為は、現代では、よりデジタルメディアに依存していますが、紙とデジタルとでは、脳のなかで認識する部位が違うと聞いたことがあります。すなわち、反射光で読む文字と、透過光で読む文字では、認識の仕方が違ってくると。

ところで、銀座にガス灯の火が灯ったのは１８７４年（明治7年）12月18日でした。芝金杉橋と京橋の間の銀座通りに85基のガス灯が設置されたといいます。当時、銀座2丁目の銀座通り沿いには、「東京日日新聞」（毎日新聞の前身のひとつ）が本社をかまえていました。通りを往来する大勢の人々のなかには、ガス灯の照明で、新聞を読んだ人がいたかもしれません。江戸の行灯でもなければ、現在の蛍光灯でも

芝新ぼりの戯場河原崎座に
おいて吉備大臣支那物語と題し
たる新狂言を取仕組めり吾朝の
吉備大臣日唐の間に於て
云々の儀に付唐の玄宗皇帝ト
迫って貢金を出さしむる場を演ずるの大臣に
扮する八雷名の市川團十郎と聞ナバ如何
能弁を以て安禄山等との議論妙なるべし
作者八有名の河竹翁なれバ定て興ある事ならんと評せ

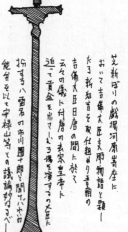

ない、明治のガス灯に浮かび上がる新聞とはどのようなものだったのでしょうか。

現在も、銀座1丁目「京橋」のたもとには、灯具を忠実に復元したガス灯が1基立っています。また、銀座3丁目アップルストアとシャネルの裏手にも、合わせて4基のガス灯が立っています。王子製紙（本社）の周囲にもガス灯があります。

さらに、ネットで検索してみると、大阪・梅田の古書店に、明治8年の「東京日日新聞」があることが判明しました。明治7年12月18日にガス灯が銀座に設置されたのだから、明治8年の新聞なら間違いありません。

大阪から取り寄せた明治8年の「東京日日新聞」は、市川團十郎が吉備《きび》大臣を演じる歌舞伎を伝えるものでした。新聞というより浮世絵のようです。日付はわかりません。それを手にした私は、比較的周囲の光が少ない、銀座3丁目アップルストアのガス灯に向かいました。明治のガス灯の光はアップルストアの銀色の壁に反射して、その明るくなった部分だけが、ほのかに揺らいでいました。

カバンから明治8年の「東京日日新聞」を出した私は、ついに、ガス灯の光にかざしました。すると……。市川團十郎がガス灯の光の揺らぎにあわせて表情を変えていった、ということを期待したのですが……実際は何も変化しませんでした。いや、そんなはずはない。私は、レンガ造りの台にあがり、伸ばせるかぎり腕を伸ばして、光源に新聞を近づけました。でも、市川團十郎の表情はそのまま。

しかし、そのとき、私はこう考えました。およそ150年前、光と情報はまさに銀座から発信された。すなわち、現在のスマホの役割がこの場所にあった。そう考えると「銀座」という地名が当時の日本に、瞬く間に広がったことにあらためて頷けたのでした。

田中優子さんのご指摘通り、本を読む〝場〟は大事です。

21 「いき」と銀座

もし「いき」を英訳する必要があるなら、クールになるのかと、伝説のバー、クールを見て思う。

銀座は、「いきな街」と呼ばれることがありますが、「いき」とは一体どういうことなのでしょうか。

「いき」を考える時、参照すべき本として、九鬼周造[★1]の『「いき」の構造』があげられます。まだ読んでないという方がいたら、ぜひ読んでみてください。1930年（昭和5年）に出版されたオリジナルでは、九鬼周造の硬質な文体に触れることができますが、より読みやすい、現代語版の『九鬼周造　いきの構造』（大久保喬樹編、角川ソフィア文庫）を選ぶのも手です。それによると、「いき」とは、男女のあいだの関係性であり、媚態《びたい》・意気地・諦念の3つの内部構造からなります。

媚態は、以下のように述べられます。「ツボはぎりぎりまで相手に接近しながら、しかも、相手とひとつになってはならないというところにある。（中略）その未知の不安定さを保つことが重要なのである」。あるいは、「自他の緊張した関係を持続させること、すなわち、どうなるかわからないという不安定さを維持することが媚態の本領であり、恋の醍醐味なのである」とも。

意気地とは、相手のことが好きだけれども、「なお異性に対し突き放してみせる強さをも兼ね備えた意識」をいうとされます。つまりこれは、メロメロになってはならないということでしょう。

諦念は、「運命というものを心得て執着心を捨て、（中略）あっさり、すっきり、

スマートでなければならない」とあります。そして、この3つの反対が「野暮」とされます。

簡単ながらこうして、「いき」の3要素を確認してみると、恋人との別れ際のふるまいに、それが顕《あらわ》れることがわかります。

銀座駅の構内では、月1ペースくらいで、終焉を迎えようとしている現時点までは恋人関係であろう二人を目撃することがあります。お互い俯《うつむ》いて向き合っているのが特徴でしょう。野暮の極みここにありと思ったりするのですが、かく言う私も20代の頃、丸の内の東京国際フォーラムの地下コンコースで別れ際が生じ、驚異的なねばりをみせてしまいました。あの時、私は若かった。もし、その時に行けるのなら、昔の自分に、『「いき」の構造』を手渡してやりたいです。「別れてくだ

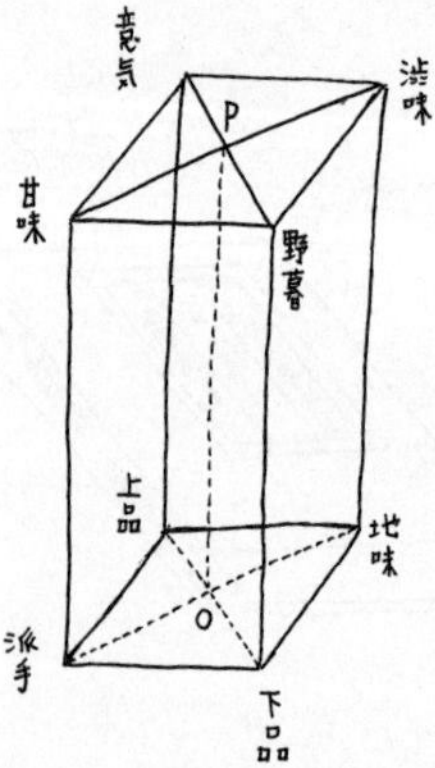

令和3年3月8日、愛宕神社参拝の後に、
いただいた、やす幸のおでん。
とうふ と 大根

さい」と言われたら、いまなら和光の鐘の音でも聴きながら帰ってみせます。

『「いき」の構造』では、この三位一体を、味覚の観点からも分析していて、渋みとして「うるか（鮎の潮辛）」、甘みとしてお茶の「玉露」などをあげています。恋愛の甘みを経て、いきの境地を知り、甘みを記憶した渋みに至る、ということになるでしょうか。

もし私にもそれが許されるなら、銀座7丁目の老舗、やす幸[*2]のおでんに求めてみたいと思います。とくに大根。大根はもしかしたら野暮なイメージがあるかもしれませんが、薄口の苦みと甘さに、「野暮はもまれて〝いき〟になる」という真理がしみています。

＊1 九鬼周造／1888～1941年。東京生まれ。思想家。男爵九鬼隆一の四男。1909年東京帝国大学文科大学（現・東京大学文学部）哲学科に入学し、ケーベル博士に師事。'21年に東京帝国大学大学院を退学後、8年におよぶヨーロッパ留学に出る。'29年に帰国、京都帝国大学で教鞭をとり、西洋哲学の普及に努め、53年の生涯を京都で閉じた。

＊2 やす幸／1933年創業。創業以来変わらない澄んだ「出汁」の中に、通常のおでん種や自家製の鰺のつみれをはじめ、季節の種が楽しめる老舗。中央区銀座7の8の14。

22 煎酒の味

銀座のどこかにあったふぐ料理店。煎酒の風味は、ふぐにも合うだろう。

先日、ある方からお土産に、銀座8丁目の金春《こんぱる》通りにある銀座三河屋[*1]の「煎酒《いりざけ》」をいただきました。

銀座三河屋は、元禄年間（１６８８～１７０４年）の創業。現在は、江戸時代の食文化をつたえる自然食品をおもに販売しています。「煎酒」とは、１６４３年（寛永20年）刊行の、日本最古の料理書といわれる『料理物語』でも紹介されている調味料です。以下のようにレシピが記述されています。

「鰹（削節）一升に梅干十五（か）二十入れ、古酒二升、水ちと、たまり入れ、一升に煎じ漉《こ》し、冷やしてよし」

『料理物語』は、著者名が明記されていませんが、上方言葉で書かれているため、大坂か京都で出版されたと考えられています。試しに、神保町の某古書店に電話で在庫を確認してみると、「たまには手に入る」「ここのところ出ていない」「状態にもよるが20万～30万円」という返答でした。

当時の銀座でもこの本が販売されていたのでしょうか。時代は下って１８２４年（文政7年）に刊行された『江戸買物独案内』という、今でいうガイド本を見ると、芝口に、書店として「書物所新本古本・丸屋徳右衛門」があったことがわかります。

江戸乃調味料
煎酒
上質かつお
まろやか梅酢

GINZA HATSUNE
銀座
初音
肉の斎藤初音 精肉本舗

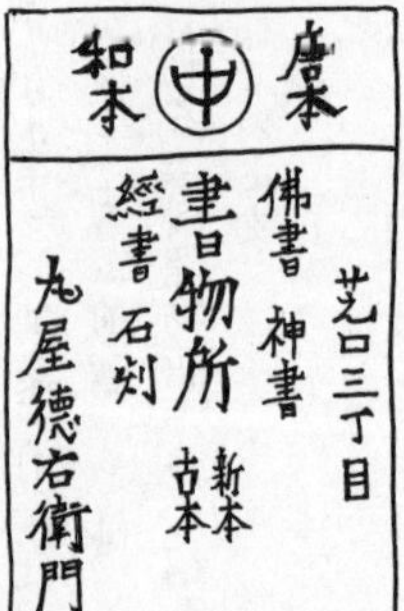
唐本
和本
芝口三丁目
佛書 神書
書物所
新本
古本
經書 石刻
丸屋徳右衛門

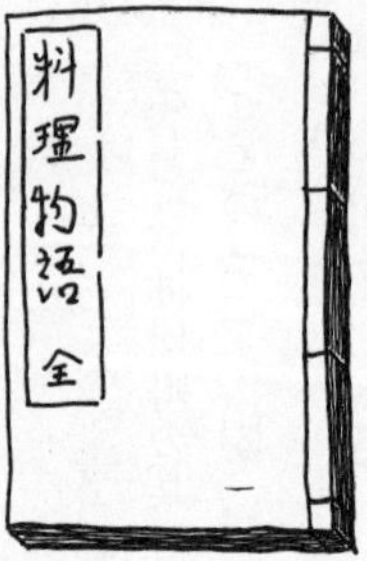
料理物語 全
一

芝口とは、現在も、銀座8丁目に、芝口御門跡の石碑があるように、新橋の銀座8丁目側にあった地名。

もちろん、この書店が『料理物語』を販売していたかどうかはわかりません。しかし、もし私が店主の丸屋徳右衛門なら、店頭に陳列して、「煎酒」などと一緒に売っていたことでしょう。いずれにしても、江戸時代にレシピ本が販売されていたとは驚きです。

ところで、銀座三河屋のHPには、「煎酒」をつかった料理のレシピが公開されています。「ホタテとアスパラの煎酒炒め」や「アボカドの煎酒和《あ》え」などなど。私は、「煎酒だしの鶏茶漬け」をつくってみることにしました。つくり方は簡単で以下の通り。

ささ身は酒と塩をまぶし、火を通す。冷ましたら手で細かく裂いておく。焼き海苔をちぎり、三つ葉はざく切り。ご飯をよそい、ささ身、焼き海苔、三つ葉などをのせる。熱い湯をかけ、最後に煎酒を加える。

こうなったら、ささ身も銀座で揃えてみたい。松屋銀座の地下2階にある「銀座初音」[*2]で、徳島県産の阿波尾鶏《あわおどり》を求めました。「銀座初音」は実は創業70年以上の老舗で、良質な精肉を銀座で販売し続けています。

レシピ通りにつくって、煎酒をかけて。さあ、食べてみよう。せいの、で口に運ぶと、梅干しの風味と酸味が、出汁の旨味に乗って広がりました。それでいて素朴。阿波尾鶏のささ身にぴったりで、今まで味わってこなかったのが悔やまれるほどです。この味が、400年前の人を虜《とりこ》にしたということでしょう。私も虜になりました。汁の最後の一滴まで飲み尽くして、『料理物語』の著者の名前はわからなくとも、著者の気持ちはわかったような気がしました。

＊1 銀座三河屋／主食の白飯を旨く食するための逸品や江戸の食生活文化を今に伝える江戸食のセレクトショップ。中央区銀座8の8の18。

＊2 銀座初音／1949年創業。「正直商売」をモットーに精肉専門店を営み続け、2019年に創業70年を迎えた。中央区銀座3の6の1松屋銀座B2F。

23
銀座生態系ツアー

楓をモチーフにしたマークの「銀座ボーグ」は、帽子専門の老舗。

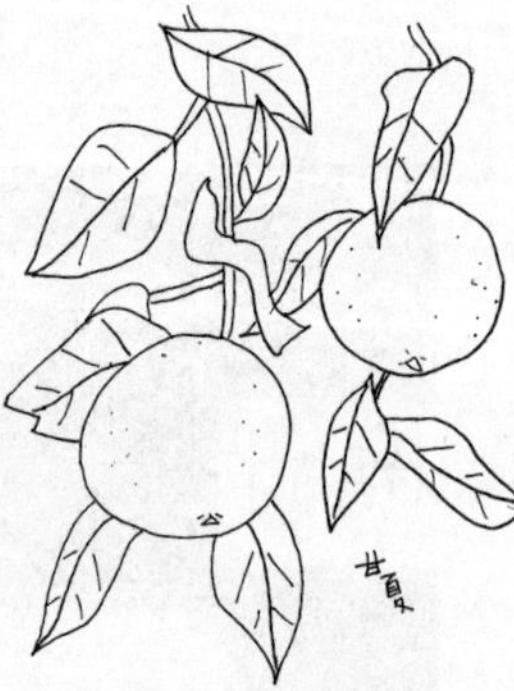

去る2021年3月11日、銀座に生きる植物を見てまわる、「銀座生態系ツアー」を行いました。銀座といえば都心のイメージがありますが、どのような生態系が広がっているのでしょうか。企画してくださった、資生堂クリエイティブ本部の堀景祐さんのナビをもとに振り返ってみたいと思います。

銀座7丁目の資生堂銀座ビルに集合した私たちは、まず同ビル屋上の「資生の庭」*1に向かいました。ここには、屋上緑化の観点から、化粧コットンの材料になる綿の木をはじめ、オリーブやサトウキビなど約100種類の植物が生育しています。ちょうど甘夏が大きく実っていたので、手を伸ばして採って、皮をむいて食べてみると……。甘夏独特の苦味が口のなかに広がり、本場の甘夏のよう。銀座の甘夏もおいしいことがわかりました。

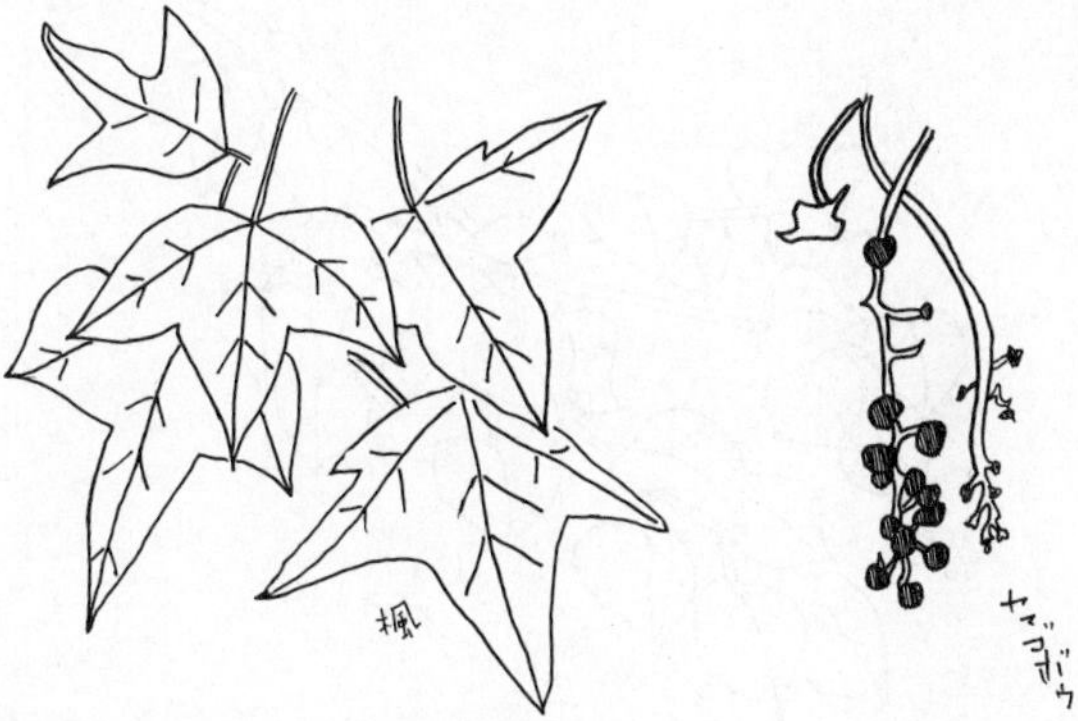

次に私たちが向かったのは花椿通り。中央通り（銀座通り）との交差点に8本の椿が植えられています。この交差点は、何度も行き来していたはずなのにまったく気がつきませんでした。じつは8本の椿は、島根県出雲市から贈られたもの。もともとこのあたりが出雲町という地名で、そのつながりからといいます。

花椿通りの東側を歩いていると、路肩に、ヤマゴボウが自生していました。なんとこのヤマゴボウは猛毒を持っています。もし食べたらどうなるのか。好奇心から、一瞬、口にしてしまいそうになりましたが、堀さんに止められました。もし歯止めが利かなかったら聖路加国際病院に救急搬送されたかもしれません。

花椿通りのつきあたりの昭和通りには、いちょうの樹が並んでいます。秋には、もちろん、銀杏《ぎんなん》が実り、ふつうに食べられるとのこと。今

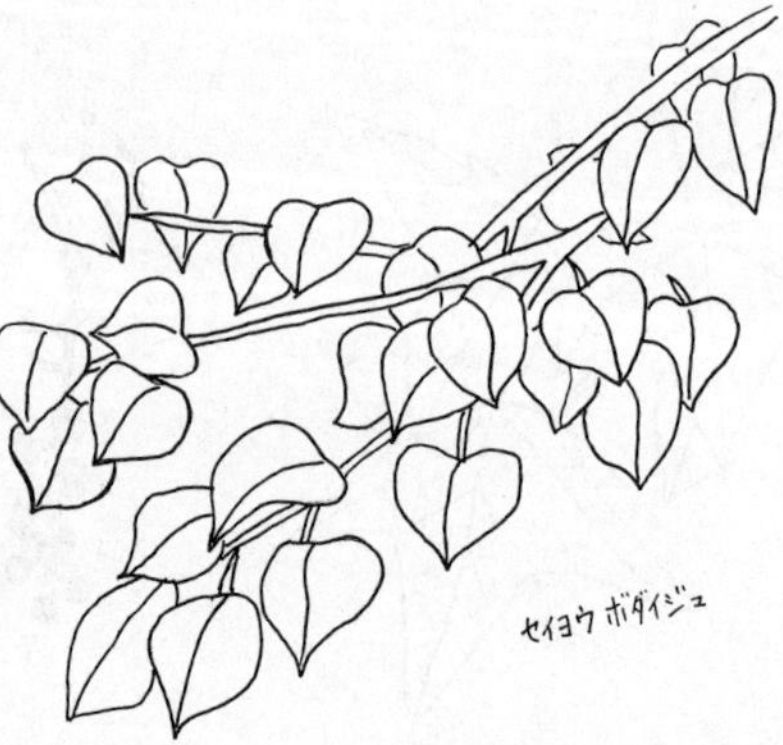

年の秋に頬ばってみたいです。銀座の銀杏。名前からして売れそうな……。
昭和通りを左折して、交詢社通りに入ると、楓の樹が並びます。なぜ、楓なのかというと、交詢社を主宰した福沢諭吉の家紋が楓だったからという説があるのだとか。
交詢社通りを進んで、並木通りに戻ってきました。西洋菩提樹が、ひときわ綺麗に並びます。私には、並木通りを歩行者天国にしたい、という夢があります。きっと今とは別の魅力が出るはず。どうしたら実現できるのか。もし私が中央区長選挙に出馬するなら、街頭演説に立って、一人ひとりの方に、意見を聞いてもらいたいです。
晴海通りを左折して数寄屋橋の泰明小学校のほうに向かうと、風に揺れる、銀座のシンボルの柳が見えてきました。柳の枝の流れるような

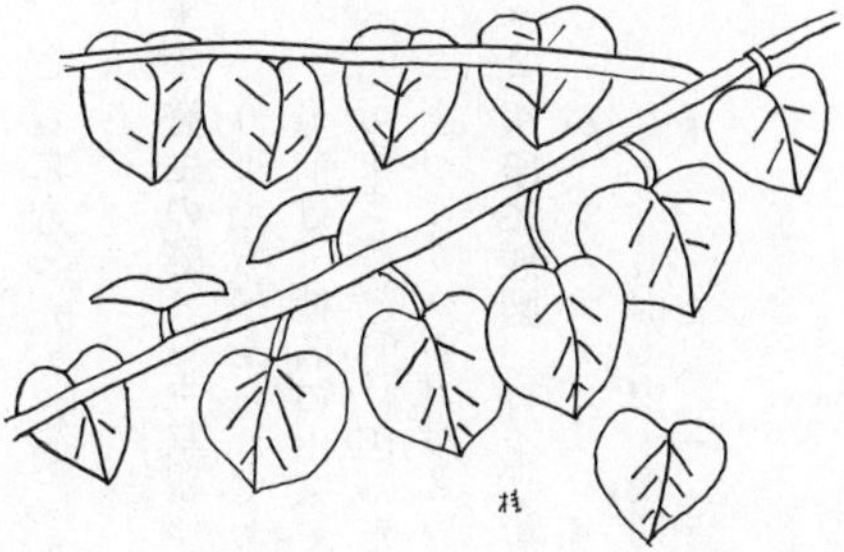

曲線が、たおやかさを感じさせます（「2 銀座の柳とアンリ・シャルパンティエ」参照）。

4丁目交差点のほうに歩いていると、和光の前で、ちょうど東日本大震災追悼の鐘が鳴りました。２０１１年3月11日14時46分。あれから10年。参加者で合掌。

中央通りこそ、いつも歩いているはずなのに、街路樹については何も知りません。東京オリンピックが開催される7月に緑陰をつくるという理由で、現在は、桂が植えられていました。路肩の植え込みには、ディルなどのハーブも育っていて、おいしそう。

堀さんは「自然の山の1haより銀座のほうが、樹種の数が多いという説がある」と言います。確かに、このほかに、GINZA SIXや歌舞伎座などにも屋上庭園があり、多種多様な植物が生育している。そう考えると、銀座全体が植物園になっているというビジョンを共有できました。

尚、堀さんは、今回のツアーの見解をはじめ、これまで調査してきた銀座の生態系を、資生堂銀座ビルのウインドウに立体的な〝銀座生態図〟[*2]として可視化されました。ご覧になった方はきっと銀座がいつもと違って見えたことでしょう。

＊1 資生の庭／資生堂銀座ビルの屋上にある。鳥や虫が生息するための植物が約100種類も植えられており、貴重な都会のオアシスでもある。「資生の庭」という名前は、社名の由来でもある『易経』の一節「万物資生（すべてのものはここから生まれる）」に因んだもので、自然の恵みへの感謝や多様な生きものが共生する街づくりへの貢献という気持ちを込めている。※一般公開はしていない。

＊2 銀座生態図／資生堂銀座ビル1階「SHISEIDO WINDOW ART」の銀座の生態からサステナビリティを考えるプロジェクトとして、2021年3月29日よりスタート。前・中・後期と3つのフェーズで構成された。

24

月光荘のスケッチブック

銀座は絵画と画材を愛する街。

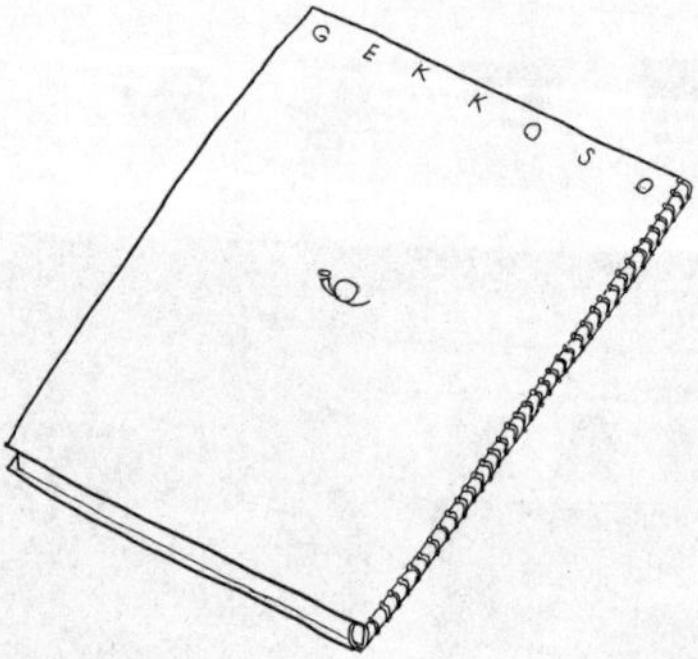

この本に載せているイラストは、銀座８丁目にある、銀座[*1] 月光荘画材店のスケッチブックに描いています。月光荘は、１９１７年（大正６年）の創業以来、絵具や筆、パレットといった、絵を描く人々にとって必要とされる品々をオリジナルで製造販売してきました。

月光荘のスケッチブックは紙の厚さの違いにより、ウス、アツ、特アツ、新特アツの４種類があり、さらに、松下幸之助が依頼したウスにドットを施したウス点などがあります。このうち、私が用いているのは何かといえば、はじめは、ウスを使っていましたが、徐々に、アツ、特アツと替わっていきました。いまでは特アツでないと、調子が狂う感覚が芽生え、月光荘が、紙の厚さにこだわる訳がわかりました。この紙質を含め、スケッチブックの基本的なデザインは、月光荘の創業者・橋本兵藏《ひょうぞう》と懇意にしていた洋画家の猪熊弦一郎[*2]が一緒に考えたといいます。

　1940年（昭和15年）には、コバルトブルーの製造技法を発見し、国産初の油絵具を誕生させました。月光荘の絵具で描かれた作品としては、上野駅の構内にある壁画、まさに猪熊弦一郎が描いた「自由」がそれと知られています。

　ところで、橋本兵藏さんとは、どのような人だったのでしょうか。月光荘の店内では、橋本さんのことばが印刷されたユーモアカードが販売されています。試しに、1を買ってみると「煙にまく恋の戦術」ということば。2を買ってみると「キッスのとき おしゃべりは いけません 語りかけるのは おてゝです」ということば。先ごろ出版された『エノグ屋の言葉集 月光荘のユーモアカードと色ポエム』（産業編集センター）を読んでも、「広い世界も 好きなふたりにゃ ちいさな浮き世」や「悲しみもまた うつくしき カタチ」ということばがならび、愛に生きた人だったのではないかということが、ひしひしと伝わってきます。

　そして、おそらく、橋本さんが最も愛したのが、画を描く人、制作に生きる人だったのではないでしょうか。その想いが、月光荘の商品のひとつひとつのかたちとなって現れている。だから月光荘には人が集まる。『エノグ屋の言葉集』には「私の気持ちはことばにならないのです」とも書かれています。月光荘が銀座にある理由を、私は、このあたりに求めてみたいです。

その想いは3代目の日比康造さんにも受け継がれています。日比さんは2021年4月、画家の使いやすさを考えた月光荘アトリエコートを発表しました。コートが画家にとって機能的であることと同様に、コートから実りあるコミュニケーションが生まれればと願ってのこと。私も一着求めてみたいと思います。

月光荘にとってのスケッチブックとは、絵具とは、コートとは。もしそれがことばにならない気持ちのかたちだとしたら、遠く手の届かない、夢のかけらのようでもあります。

＊1 銀座 月光荘画材店／1917年創業。与謝野鉄幹・晶子夫妻が創業者の橋本兵藏を可愛がって歌に詠み「月光荘」と名付けた。「色感と音感は人生の宝物」という価値観のもと、画材などの製造販売とともに、人々の交流の場にもなっている。トレードマークは「友を呼ぶホルン」。中央区銀座8の7の2 永寿ビル1F・B1F。

＊2 猪熊弦一郎／1902〜'93年。洋画家。香川県生まれ。'22年、東京美術学校（現・東京藝術大学）に進学。画家として活躍しながら'38〜'40年、フランスに遊学。アンリ・マティスに学ぶ。'51年、国鉄上野駅（現・JR東日本上野駅）の大壁画「自由」を制作。'55〜'75年までニューヨークにアトリエを構えた。

couleurs à l'hu
コバルト バイオレット
ET DE COBAL
OBALT VIOLET

25 「銀座グラフィックデザイン」ツアー〈前篇〉

1964年の東京オリンピックのロゴマークは亀倉雄策さんが手がけたが、亀倉さんは日本デザインセンター創設に参加し専務となった。

皆さま、こんにちは。「銀座グラフィックデザイン」ツアーにご参加いただき、ありがとうございます。本日、銀座のご案内を担当させていただく、森岡書店の森岡督行《よしゆき》でございます。今回は、「グラフィックデザイン」をテーマに、皆さまと一緒に、銀座の街を散策したいと思います。街には「グラフィックデザイン」があふれていますが、とりわけ、４人の仕事を通して、銀座にその一端を確認して参ります。４人とは、**仲條正義**[*1]さんと**原研哉**[*2]さん、そして**杉山恒太郎**[*3]さんと**佐藤卓**[*4]さんです。新橋側から京橋側へ、中央通りを北上して参ります。しばしお付き合いのほど、何卒、よろしくお願いいたします。

さて、皆さま、まず左手に見えて参りましたのは、銀座8丁目の資生堂パーラーです。資生堂パーラーのロゴやパッケージは、ご存じの方も多いと思いますが、仲條正義さんがデザインしております。仲條さんは、資生堂宣伝部の出身であり、企業文化誌「花椿」のアートディレクションも40年以上の長きにわたり務められました。２０１９年に資生堂パーラーのお菓子の一部のパッケージをリニューアルした際は、「何よりも銀座8丁目をもう一度再認識したい、資生堂すべての発祥の地であり、その原点である8丁目を強調したい」と述べています。スイーツが主役なのはもちろんですが、パッケージでより気分があがります。日本語の表記には、漢字、ひらがな、カタカナ、アルファベット、数字があり、統一感をとりにくいと思いま

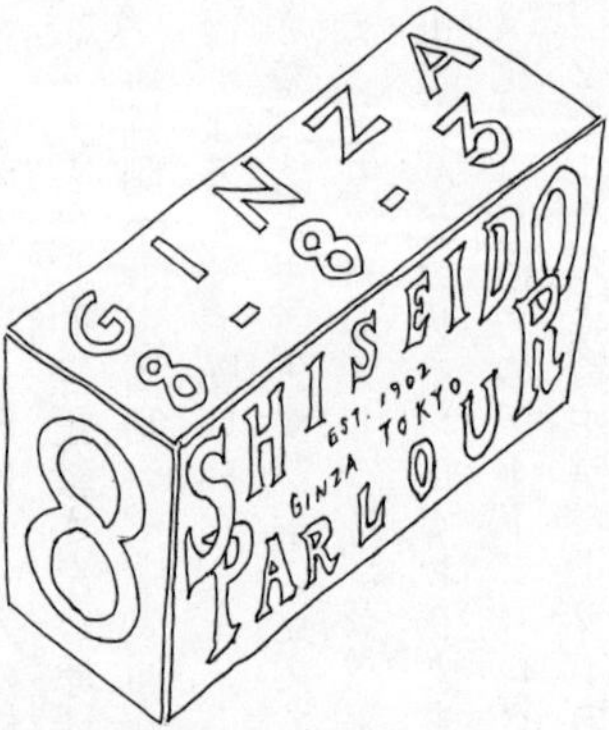

すが、それを平面的なデザインと、発色のよい単色によって、解消しようとしているのではないでしょうか。あくまで私見ではありますが。

銀座3丁目の松屋銀座も仲條さんがＣＩを手がけました。その一環としてつくられた〝マツヤアルファベット〟は後ほど見て参りましょう。

続きまして、右手に見えて参りましたのが〝GINZA SIX でございます。外壁に見える、すっきりしたＧＳＩＸの文字は、原研哉さんが手がけました。Ｇが金色で、ＳＩＸが黒。夜は建物の内部から文字が白く浮かび上がるように見えます。原さん率いる日本デザインセンターは、事務所も銀座4丁目にございます。GINZA SIX の中には銀座 蔦屋書店が入っておりますが、

蔦屋書店のＶＩ（ビジュアル・アイデンティティ）も制作されているんです。サインやブックカバー、ショッパー、同じ本屋の私としては羨ましいかぎりです。左手斜め前方には、銀座４丁目のMIKIMOTOのビルが見えておりますが、MIKIMOTOの静謐なロゴとパッケージのＶＩも原さんのお仕事です。コーポレートカラーは「機前の白」。ここからは見えませんが、銀座４丁目昭和通りの歌舞伎座タワーのＶＩも。原さんのお仕事として筆頭にあげられるのは、なんといっても「無印良品」の各アートディレクションでしょう。銀座３丁目の「MUJI HOTEL GINZA」（無印良品 銀座６階、１８１頁参照）では、サイン計画、メインビジュアル、どのデザインにも、引いているけれど力のある佇まいが感じられま

す。それが原さんの信条ではないでしょうか。

これより銀座4丁目交差点のほうに歩を進めて参ります。続きは後篇にて。ツアーはまだまだ続きます。

＊1 仲條正義／1933〜2021年。東京生まれ。'56年東京藝術大学美術学部図案科卒業。資生堂宣伝部入社後フリーとなり、'61年仲條デザイン事務所設立。資生堂企業文化誌「花椿」、ザ・ギンザ「タクティクスデザイン」のアートディレクションおよびデザイン。松屋銀座、スパイラル、東京都現代美術館、細見美術館のCI計画。資生堂パーラーのロゴタイプおよびパッケージデザインなど、グラフィックデザインを中心に活動。

＊2 原研哉／1958年、岡山県生まれ。日本デザインセンター代表取締役社長。2002年より「無印良品」のアートディレクター。そのほか松屋銀座、森ビル、蔦屋書店、GINZA SIX、MIKIMOTOなどのVIを手がける。外務省「JAPAN HOUSE」では総合プロデューサーを務めた。ウェブサイト「低空飛行」を立ち上げ、個人の視点から、高解像度な日本紹介を始め、観光分野に新たなアプローチを試みている。

＊3 杉山恒太郎／1948年、東京生まれ。ライトパブリシティ代表取締役社長。立教大学卒業後、電通入社。クリエイティブディレクターとして活躍。主な作品に

小学館「ピッカピカの一年生」、セブン - イレブン「セブンイレブンいい気分」、サントリーローヤル「ランボー」シリーズなど。

＊4 佐藤卓／1955年、東京生まれ。'79年、東京藝術大学美術学部デザイン科卒業。'84年佐藤卓デザイン事務所設立。現・TSDO代表取締役会長。「ニッカウヰスキー ピュアモルト」の商品開発から始まり、「ロッテキシリトールガム」などのパッケージデザイン、「PLEATS PLEASE ISSEY MIYAKE」のグラフィックデザイン、また、21_21 DESIGN SIGHT 館長を務めるなど多岐にわたって活動。

26 「銀座グラフィックデザイン」ツアー〈後篇〉

現在の GINZA PLACE の場所に、かつてあったライオンヱビスのビヤホール。アルファベットの書体が 4 種類。

さて、皆さま、いよいよ銀座の中心、銀座4丁目交差点が近づいて参りました。右手に見えますのは、2016年に開業しました GINZA PLACE でございます。透かし彫りをイメージした幾何学デザインの外観が印象的ですが、エントランス上部にございます GINZA PLACE のロゴは、銀座7丁目に事務所をかまえるライトパブリシティが手がけました。このフォントのGとCの曲線部分は、かつてこの場所にあったライオンヱビスのビヤホールを彷彿させます。曲線がいかにもビールジョッキの取手のようなのです。ちなみに現在も、このビルを所有しているのは、サッポロビールでございます。

銀座4丁目交差点に立ちますと、ライトパブリシティの社長をつとめる杉山恒太郎さんがECD（エグゼクティブ・クリエイティブ・ディレクター）として手がけた仕事を思い出します。三越伊勢丹の「this is japan」キャンペーンを記憶している方も多いのではないでしょうか。とりわけ、私は、銀座三越に掲げられたバレリーナのオニール八菜《はな》さんが躍動する大きな広告が、この交差点に調和していたことを忘れられません。杉山さんは「ピッカピカの一年生」「セブンイレブンいい気分」など、記憶に残るコピーをつくられています。私の大好きな往年の資生堂のコーポレートメッセージ、「一瞬も一生も美しく」は、当時ライトパブリシティに所属していた国井美果さんが手がけました。

this is japan.
基本に磨かれて。
信頼でかがやく。

また、コロナ禍の現状にあって、銀座の商店のいくつかには、「おかえりGINZA」という黄色い暖簾がありますす。これは、ライトパブリシティが、銀座の街を応援する意味で制作し、提供したものでございます。
そして、銀座4丁目交差点を渡りますと、右手前方に三菱UFJ銀行銀座支店がございます。三菱UFJ銀行のロゴマークは、銀座4丁目に本社がある、原研哉さん率いる日本デザインセンターがデザインしたものでございます。
そのお隣、松屋銀座を見てみましょう。「MaTSUYa」と特徴的な文字が見えておりますが、この文字こそが、仲條正義さんによる〝マツヤアルファベット〟でございます。これが完成したのは1978年。オリジナルのアルファベットと数字のなかで最も特徴的なかたちをしているのは、数字の「8」ではないでしょうか。前篇でもお話しした、資生堂パーラーのパッケージデザインでも意識されていた「8」。仲條さんの頭のなかにある「銀座8丁目」への想いが影響しているのではないか、と思ったりしております。

松屋銀座の松屋通り側には。「BAO BAO ISSEY MIYAKE」のショップがございますが、このブランドのVIを担当しているのは佐藤卓さんです。佐藤卓さんの会社もここから程近い、銀座3丁目にございます。また東京メトロ銀座線銀座駅から松屋銀座に向かう地下道が2019年にリニューアルされ、美濃焼のタイルがつくる幾何学模様と数字が、空間を一変しました。この通路のデザインをしたのも佐藤卓さんなのです。私はこの空間が好きで通勤でいつも歩いています。いまここで目にすることはできませんが、佐藤卓さんは、銀座三越と松屋銀座、和光、東急プラザ銀座、GINZA SIX、銀座ベルビア館が開催する、「GINZA FASHION WEEK」のロゴマークも手がけられました。

このように、4人のデザイナーの仕事から銀座を見てみました。そのデザインを目にして共通して思うのは、4人とも、銀座が好きだということです。その気持ちがデザインに反映されているのだと思います。

尚、グラフィックデザインで銀座を見ることに対して、日本デザインセンターの色部義昭さんから多くのことを教えていただきました。

8
7
6
5
4

27 銀座2丁目交差点のエネルギー

時代ごとに建築が建て替わる銀座の路上を私たちは歩いている。

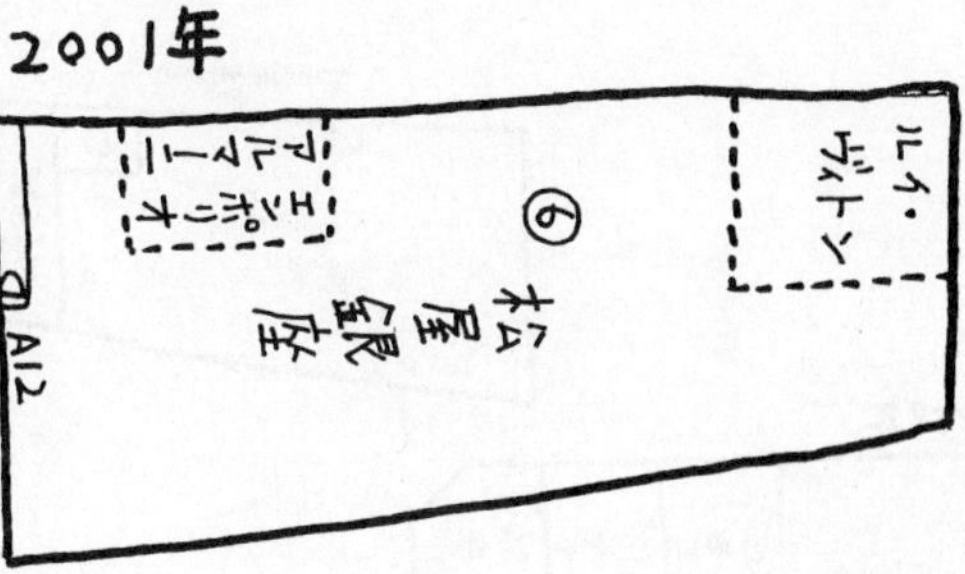

以前、辛酸なめ子さんと銀座の路上ですれ違ったとき、「銀座2丁目交差点あたりのエネルギーが強いよね」という話をしました。とりわけルイ・ヴィトン松屋銀座店のあたりが、銀座の交差点のなかでも強いような気がすると。

そこで、この角には、歴代いったい何があったのかを、京橋図書館の地階にある地域資料室で調べてみることにしました。ここには、銀座の古い「住宅地図」がストックされているので、刊行年を遡って該当の土地を見ていくことができます。まるで地面を掘るようなイメージで。

すると、この場所がルイ・ヴィトン松屋銀座店になったのは、2001年だということが分かりました。かれこれ20年以上この角で、ルイ・ヴィトンの商品が販売されている

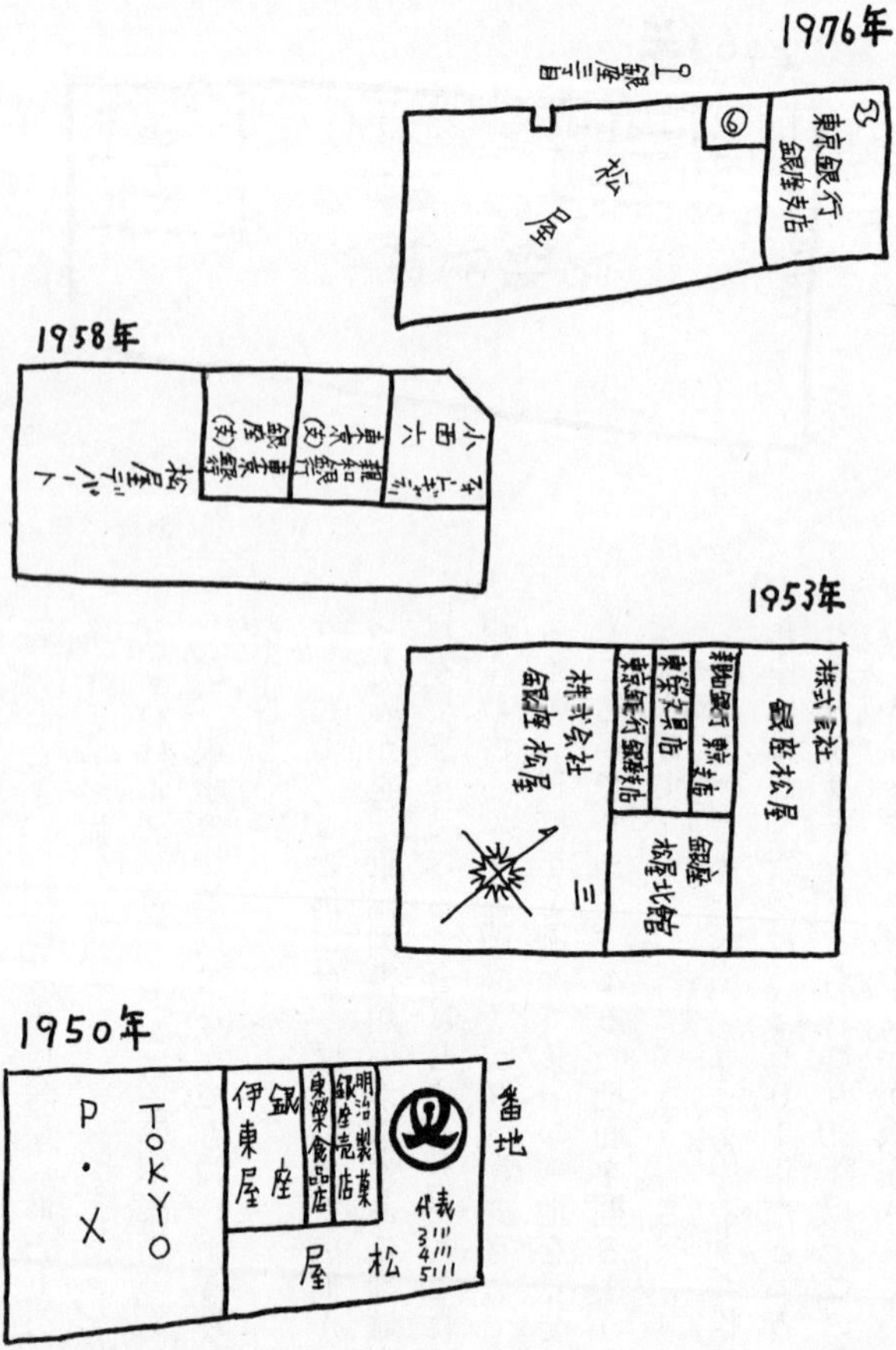
1976年
銀座三丁目
東京銀行銀座支店
松屋
1958年
小西六
松屋デパート
1953年
株式会社 銀座松屋
株式会社 銀座松屋
銀座 松屋北館
三
1950年
一番地
明治製菓銀座売店
食品店
銀座
伊東屋
TOKYO
P・X
代表 3111 4111 5111
松屋

ということになります。現在の建物は、香港、ニューヨーク、日本のルイ・ヴィトンの店舗を設計している建築家の青木淳さんが手がけました。

では、その前は何があったのでしょうか。1999年からの住宅地図を遡っていくと、1970年（昭和45年）からのおよそ30年間、ここには、「東京銀行銀座支店」があったことが分かりました。バブルの頃はさぞかし羽振りがよかったでしょう。

その次の住宅地図は1958年まで飛びます。1958年のこの場所には「フォトギャラリー小西六」「親和銀行東京支店」「東京銀行銀座支店」の3つが併記されています。3社が同じビルのなかに入っていたのでしょうか。小西六フォトギャラリーは、コニカミノルタの前身である小西六写真工業が1954年（昭和29年）に設立した自社ギャラリー。写真家の細江英公さんの初個展はここで開催されたようです。

次は1953年の地図になります。'53年のこの角には、「銀座松屋」とあるので、松屋銀座が店舗を構えていたということでしょう。

続いて1950年の『築地警察署管内防犯協会要図』を見てみると、この年も角には「松屋」があります。この地図が示唆的なのは、3丁目交差点の現在の松屋銀座の場所が、「TOKYO P・X」となっていることです。TOKYO PXとは、進駐軍専用の売店。つまり松屋銀座は、この時期、2丁目角で仮店舗営業していたのではないでしょうか。

また、この地図には、松屋銀座に隣接して「明治製菓銀座売店」が出ています。ついに出ました伝説の「明治製菓銀座売店」。これは前川國男がコンペで1等を獲得して設計した建築で、線で構成されたモダニズムの息吹が感じられます。あたかも見てきたかのような言い方ですが、ブルーノ・タウトが写真に収めている他、山脇道子がつくったフォトモンタージュ「とろけた東京」(「アサヒカメラ」1933年/昭和8年8月号)にも登場するビルなのです。私は、このなかに身を置いてチョコレートを味わってみたかった、ペロペロと。

そう思った私は、銀座2丁目交差点で「明治ミルクチョコレート」を食べてみたいという衝動が込み上げてきました。それに歯止めをかけることができなくなり、京橋図書館を足早に後にして、コンビニエンスストアで買い求め、2丁目交差点に立ちました。そして狂ったように銀紙をはがし、さりげなくマスクも外し、チョコレートを口にしたのです。すると、カカオのポリフェノールが全身に行き渡り、いつの間にか、今の闇を切り裂くように、雄叫びをあげている自分が、そこに現れました。あ、これは夢かもしれない! でもそうだとしても、そのとき、私はこう思いました。辛酸なめ子さんの言っていたことは本当だった、と。

28 白洲正子と銀座

『日本のたくみ』（新潮文庫）の表紙は、扇子のイメージがデザインされているが、白洲正子はこの店に入っただろうか。

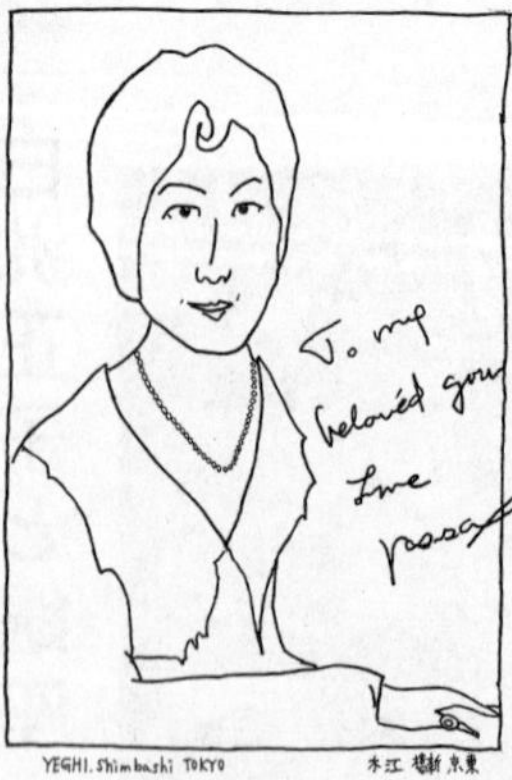

先日、白洲次郎[*1]と白洲正子[*2]が住んだ武相《ぶあい》荘《そう》を、小田急線の鶴川に訪ねました。武相荘は、茅葺きの農家を改修した住まいで、次郎が愛用した腕時計や、書棚に収められた正子の本など、生活をともにした品々を見ることができます。そのなかに、婚約時代、お互いが贈りあったポートレイトが大切に展示してありました。

次郎と正子が結婚したのは、1929年（昭和4年）。次郎は、ダブルのスーツを着用し、スナップダウンとおぼしきシャツにネクタイで、こちらを睨むように見ています。正子は、レースの衿のついたドレスに真珠の首飾り、耳隠しのパーマで、微笑むようにこちらを見ています。また、そこには、それぞれの言葉が英語で添えてあります。次郎は「You are the fountain of my inspiration and the climax of my ideals（君は僕の発想の泉であり、究極の理想だ）」。正子は「To my beloved you.（最愛の人へ）from Masako」。

興味深いのは、正子のポートレイトの下に、「YEGHI. Shimbashi TOKYO（東京新橋 江木）」と印字してあることです。1929年頃、正子は最愛の人に贈る写真を、銀座におもむき、この江木写真館で撮ったということでしょう。江木写真館は、1880年（明治13年）銀座6丁目に開店。1891年、銀座8丁目に6層からなる支店の社屋（江木塔）を建設しました。当時ここは銀座のシンボル的存在だったのではないでしょうか。ちなみに、1万円札の福沢諭吉の肖像写真も江木写真館の成田常吉技師により、ここで撮られたといいます。

ところで、白洲正子が銀座で染織工芸の店「こうげい」を始めたのは1956年（昭和31年）、46歳のときでした。住所は、江木写真館の場所と目と鼻の先の銀座8丁目。「こうげい」を始めるに際し、次郎が友人から資本金を集めました。『白洲正子自伝』（新潮文庫）には、そのときのことが、以下のようにあります。

「とても親切な夫だと私は感謝し、今でも感謝していることに変りはないが、彼のほんとうの気持は、私がエネルギィを持てあまして、青山（二郎）さんや小林（秀雄）さんたちと毎日飲み歩いているので、仕事を与えたら少しはおとなしくなると

思ったに相違ない。が、店を持ったくらいで私の骨董狂いや、文士（といっても数人の評論家だけだが）との付合いの面白さが半減するわけではなかった」

正子が鶴川から銀座に来る場合、新宿で国鉄（現・JR）に乗るにしても、渋谷で銀座線に乗るにしても、最寄りは新橋駅だったはずです。そして、新橋駅から「こうげい」に最短で向かうなら、外堀通り銀座8丁目角を通るはず。そのとき、白洲正子は、江木写真館で、撮影した日のことを思い出したりしたのではないだろうか。「君は僕の発想の泉であり、究極の理想だ」ということばとともに。「こうげい」が銀座にあったのは約15年のあいだ。そのなかで、そんな日もあったと思うのですが、真相はどうでしょうか。

＊1 **白洲次郎**／1902～'85年。兵庫県生まれ。昭和の実業家。戦前は日本食糧工業（現・日本水産）などの役員をつとめ、戦後は首相吉田茂の側近としてGHQとの折衝にあたった。終戦連絡中央事務局次長、初代貿易庁長官などを歴任。'51年サンフランシスコ講和会議全権委員顧問。吉田退陣後は再び実業家として活躍。東北電力、大沢商会の会長をつとめた。

＊2 **白洲正子**／1910～'98年。東京生まれ。昭和、平成の随筆家、評論家。'24年に女子学習院初等科を修了。幼い頃から梅若宗家に能を学ぶ。父・樺山愛輔（旧・伯爵）に従って14歳で渡米し、ハートリッジ・スクールに留学。19歳で白洲次郎と結婚。日本の風土や宗教、美術工芸などを広く追求した。著書の『能面』『かくれ里』で読売文学賞を2度受賞。そのほかに『お能』『謡曲・平家物語紀行』『西行』『白洲正子自伝』『両性具有の美』など多数。

29

銀座のスカジャンと新橋色

この写真は銀座8丁目の路上だが、花街としての新橋は、現在の銀座8丁目付近をいう。

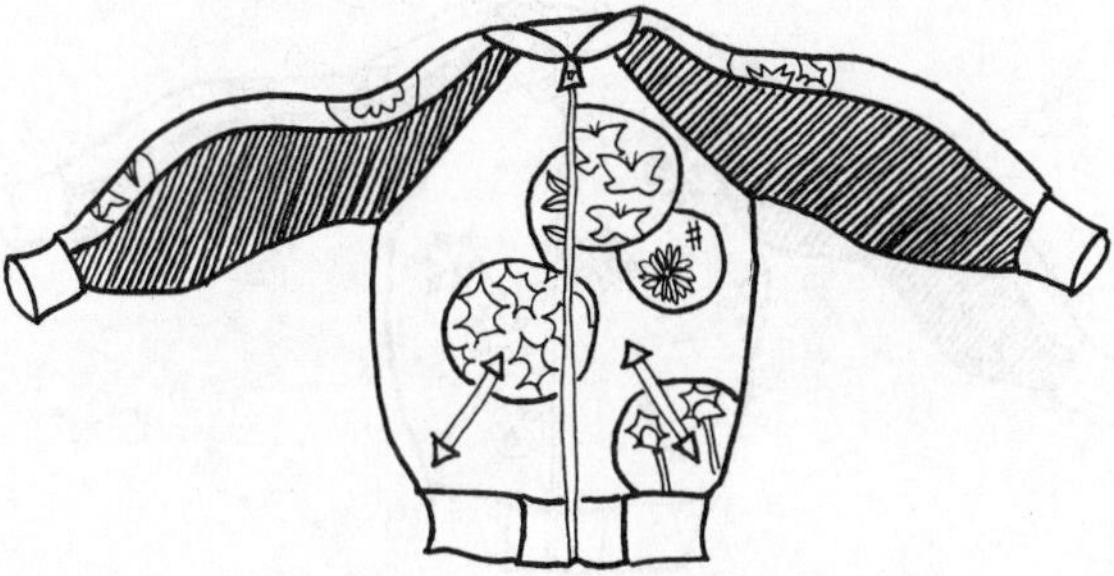

２０２１年春、新橋芸者の方々から譲り受けた古い和服を再利用して、スカジャンをつくる取り組みを行いました。コロナ禍で銀座も大きな影響を受けましたが、古い和服を再生する形でスカジャンをつくることは、今後より必要とされるサステナブルの観点につながり、また、銀座の復活の狼煙《のろし》にもなりうるのではないかと考えました。スカジャンは、戦後、駐留米兵のお土産としてつくられ、銀座のＰＸ（進駐軍専用の売店）で販売されていたという背景もあります。

もとはといえば、写真家の石内都[*1]さんから、古い和帯を再利用してつくった、ご自身のスカジャンを見せてもらったことが、きっかけとなりました。石内さんの故郷である桐生の縫製工場の方々からも協力を得て、オリジナルのスカジャンをつくりました。

銀座のいわゆる旦那衆が、制作の中心メンバー

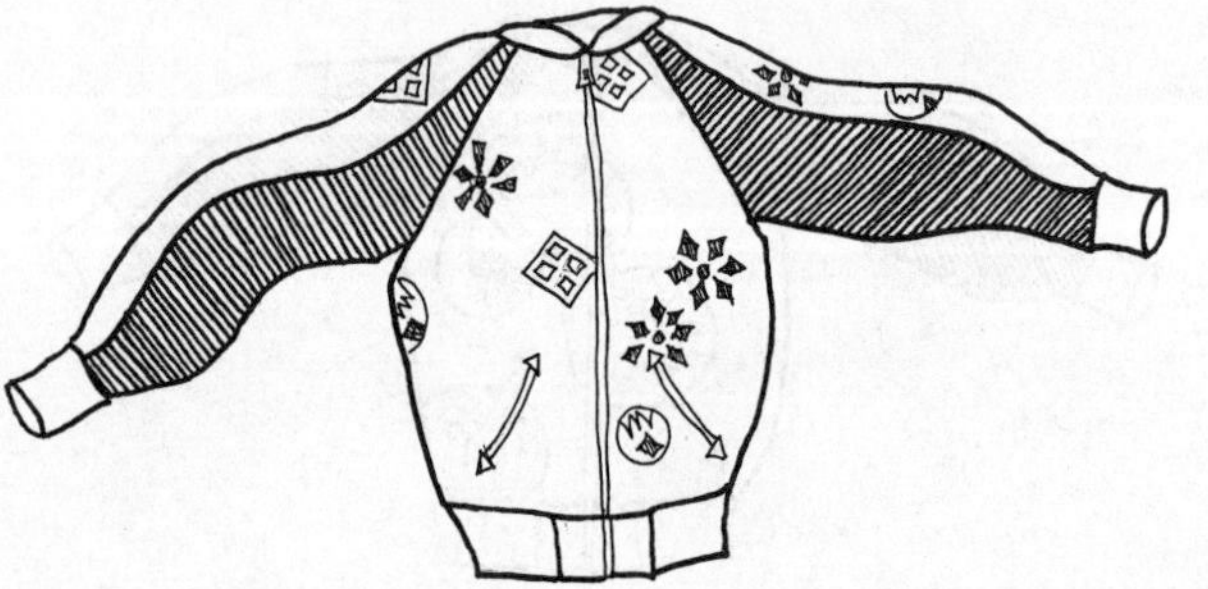

になってくださいました。新橋芸者の方々から、和服を譲り受けることができたのも、このメンバーが揃っていたからこそ。幾度も相談を重ねて、独自のスカジャンのあり方を模索しました。
その過程で、新橋色《しんばしいろ》という色があることを知りました。さて新橋色とは、いったい、どんな色だと思われますか。燃えるような赤なのか。気品のある紫なのか。活力ある緑なのか。はたまた、華やかなピンクか。『色名がわかる辞典』（講談社）には、新橋色について、「一般に、わずかに緑みがかった薄い青色のこと。明治末から大正にかけて、東京の新橋芸者の間で流行したことから、この名がついた」とあります。
「新橋芸者も新時代に敏感な新しいタイプの芸者だったようだ。その姐さんたちが、明治中頃から出現した化学染料の鮮やかな青緑色を積極的に着

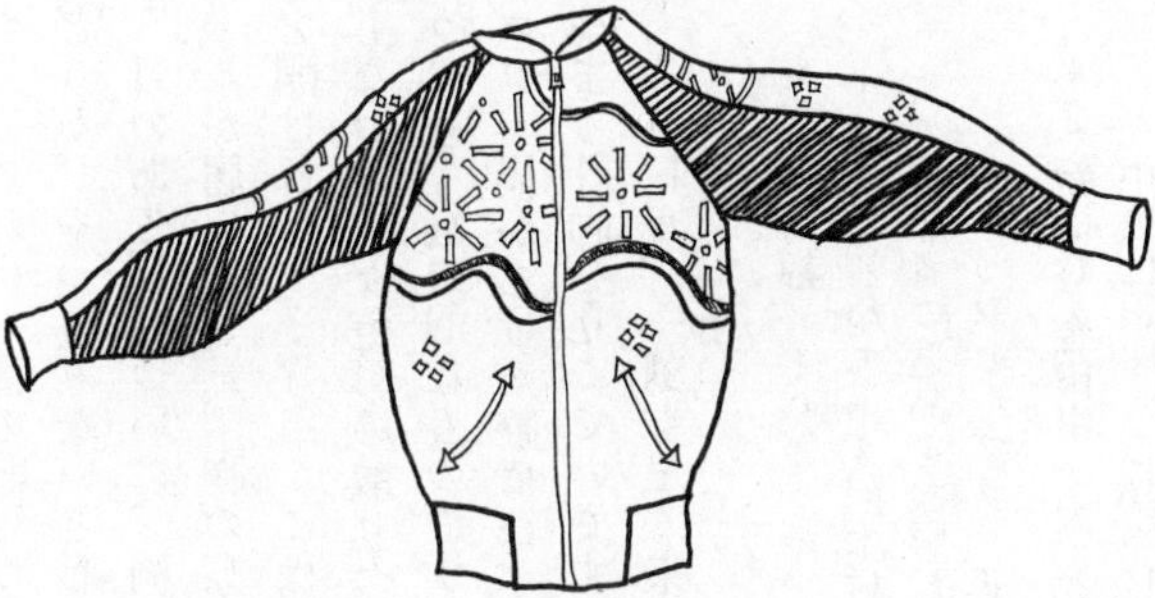

物にとりいれ始めたのが、当時の世間には非常に新鮮な感覚に思えたにちがいない。そこで新橋芸者好みの色というので、その色に新橋色という名前がつけられた」（『色の名前事典507』福田邦夫、主婦の友社）

新橋色とは、ブルーを基調とした色なのです。では、なぜブルーが好まれたのでしょうか。もしかしたら、海の色に近いことを考えると、当時は海外に渡航するには、新橋から横浜へ、そして船に乗って、文字通り海を渡るわけですから、新橋がまだ見ぬ海外への第一歩であり、ブルーがその象徴になったからかもしれません。或いは、明治期、築地には海軍関係の施設があったので海軍の軍人向けにとか。

いずれにしても、私たちは、スカジャンの袖の部分を特注の新橋色で染めることを決めました。

しかし、これは一種の賭けでもあります。新橋色のブルーと、和服の模様が合うのかどうか。やってみないとわかりません。

5月のある日、ついに、桐生の縫製工場から、仕上がったスカジャンが入った段ボールが届きました。胸の高鳴りを抑えながら、品物に傷がつかないようゆっくり封を開けると……。そこには、和服の模様の胴体に、青く輝く袖が調和した、どこにもないような色彩の取り合わせがありました。「考えも経験も及ばない領域」というのは、魅力的なものです。

コロナ禍があけた暁には、このスカジャンを着て、銀座7丁目の新ばし 金田中《かねたなか》[*2]に集まる計画を立てています。和服を快く提供してくださったお礼を述べるためにも、その日が、一刻も早く来ることを願っています。

＊1 石内都／1947年、群馬県生まれ。'79年に「APARTMENT」で女性写真家として初めて第4回木村伊兵衛写真賞を受賞。2007年より現在まで続けている被爆者の遺品を撮影した「ひろしま」も国際的に評価される。'13年紫綬褒章受章。'14年ハッセルブラッド国際写真賞を受賞。

＊2 新ばし 金田中／大正時代に木挽町で創業し、新橋花柳界で店を構える老舗料亭。中央区銀座7の18の17。

30 丹下健三と銀座

1964年頃の銀座5丁目外堀通り。現在、壹番館洋服店はこの交差点の角にある。

銀座8丁目の「静岡新聞・静岡放送東京支社ビル」は、丹下健三[*1]が設計したことで知られています。デザインが樹木のようと評されるこの建築。丹下健三は、なぜ、このようなかたちの建築を、この場所につくったのでしょうか。

丹下健三は、有機体のように増殖していく都市建築を目指し、「容易に更新可能で、永遠に過渡期にあり、永久に新しい都市像」を提示しました。もしかしたら、銀座8丁目のこの場所ほど、その思想を実現する第一歩として、ふさわしい場所はなかったのかもしれません。というのも、銀座は碁盤の目状に道路がはしっていますが、銀座8丁目のこの場所が、碁盤の角にあたります。オセロをイメージするなら、角を取れば、あとはひっくり返るというポジション。彼は、このような建築を、銀座中に増殖させるビジョンをもっていたと考えられています。実際にはそうなりませんでしたが、三原橋のたもとに、「静岡新聞・静岡放送東京支社ビル」と似たビルが一棟だけ建っています。私は、初めてこのビルを見たとき、「もしかしたら、誰かが丹下健三の意を汲んだのかもしれない」と思いました。

また、丹下健三には、「東京計画1960」という構想がありました。「丸の内から東京湾を横断し、木更津へと延びるリニアな海上都市を建設する」という内容。桁外れと言ってよい発想。これを換言すると、「東京をもうひとつつくろう」、ということだと私は思います。いま試しに、ネットで、「東京をもうひとつつくろう」

静岡新聞
静岡放送

と発言している人がいるか調べたところ、誰もいません。この点からも丹下健三のダイナミックな人物像が伝わってきます。現在、解体が進行している電通築地ビルを、「東京計画1960」の派生形態と見る向きもあります。2021年7月11日現在、まだ社屋は残っていて、萬年橋の上、築地川銀座公園から眺めるのがおすすめです。

丹下健三は、銀座5丁目、みゆき通りと外堀通りの角に立地する壹番館洋服店[*2]でスーツを誂《あつら》えていました。社長の渡邊新さんのブログを読むと、丹下健三がグレンチェックの生地ばかりを選んでいたことが綴られています。そういえば、新宿の東京都庁にしてもパークタワービルにしても、電通築地ビルにしても、どこか、ファサードがグレンチェックのようです。グレンチェックのグレンとは「渓谷」を意味します。丹下健三が思い描いた銀座とは、樹木のような建築が整然と並び、隙間の道路が、渓谷になっているような都市だったのかもしれません。グレンチェックのスーツを着て、外堀通りを歩き、「静岡新聞・静岡放送東京支社ビル」を眺める丹下健三の姿が浮かんできます。

＊1 丹下健三／1913〜2005年。大阪生まれ。1938年東京帝国大学工学部建築学科卒業後、前川國男建築設計事務所に入所。'46年東京帝国大学大学院を修

了後、同大学工学部建築学科助教授に就任。'51年CIAM（近代建築国際会議）に招かれ、ロンドンで広島計画を発表。'61年丹下健三＋都市・建築設計研究所を設立。'64年東京大学工学部都市工学科教授に就任（'74年まで）、その後名誉教授。'73年フランス建築アカデミー ゴールドメダル受賞。

＊2 壹番館《いちばんかん》洋服店／1930年に初代・渡邊實によって、銀座の現在と同じ場所にて創業された。以来、政財界、文化人をはじめ数多くの顧客に愛される、歴史を誇る名店。中央区銀座5の3の12壹番館ビル1F。

31 小泉八雲と大和屋シャツ店

かつてヤマハ銀座スタジオの裏手にあった風景。
ある怪談の一場面のような。

先日、松江市の小泉八雲記念館[*1]を訪ねたとき、八雲が着ていた洋服が展示されていました。解説文には、八雲は洋服に無頓着だったが、シャツにはこだわりがあり、わざわざ横浜の「大和屋シャツ店」で誂えていたと書いてありました。私は、この解説を読んだとき、あっ、となりました。横浜の「大和屋シャツ店」とは、後に銀座に移転した「大和屋シャツ店」ではないかと。タグを見ることができればよかったのですが、陰になっていて、確認できませんでした。

そこで、銀座6丁目の「大和屋シャツ店[*2]」にうかがい、顧客リストに小泉八雲の名前があるかどうかを尋ねてみました。6代目社長の石川成実さんが対応してくださり、大和屋シャツ店が1876年（明治9年）に横浜で創業したことや、当時の顧客の多くが、在留外国人だったことを教えてもらいました。石川さんは、次のように教えてくださいました。「小泉八雲の妻の、小泉セツさんが来ていたようです」「つくっていたのは白のレギュラーカラーだったかもしれません」と。

八雲がアメリカから汽船で横浜港に到着したのは、1890年（明治23年）の4月4日でした。その後、八雲は、横浜―新橋間の鉄道を使って東京に移動したと考えられます。ところで、1890年ごろ、新橋駅前の光景とはどのようなものだったのでしょうか。駅舎を出て左に折れて、右側にかかる新橋を渡ると、そこが、現

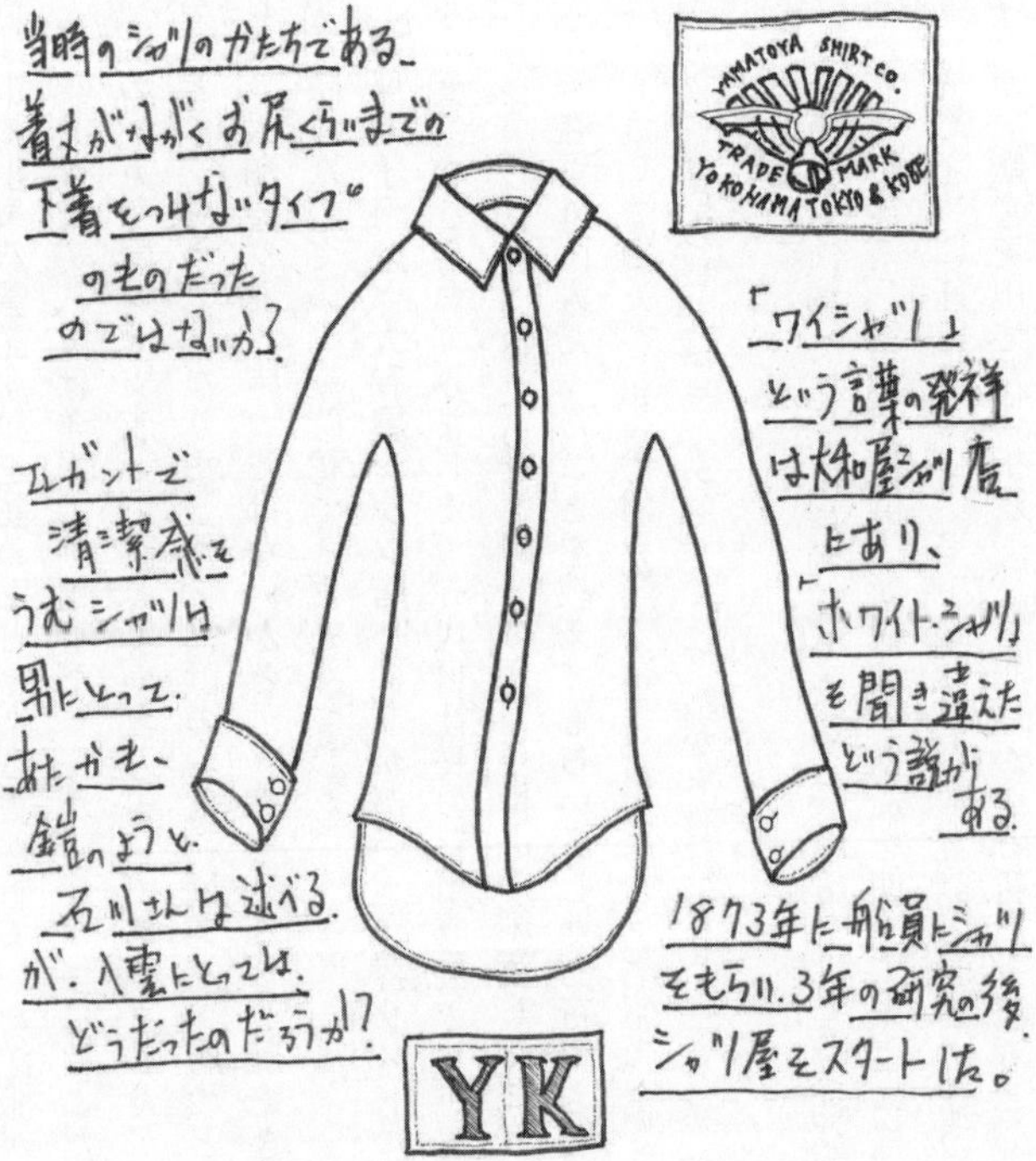
当時のシャツのかたちである。
着丈がながくお尻くらいまでの
下着をつけないタイプ
のものだった
のではないか？
YAMATOYA SHIRT CO.
TRADE MARK
YOKOHAMA TOKYO & KOBE
「ワイシャツ」
という言葉の発祥
は大和屋シャツ店
とあり、
「ホワイト・シャツ」
を聞き違えた
という説が
ある。
エレガントで
清潔感を
うむシャツは
男にとって
あたかも
鎧のようと
石川さんは述べる
が、八雲にとっては
どうだったのだろうか？
1873年に船員にシャツ
をもらい、3年の研究の後
シャツ屋をスタートした。
YK

在の中央通り。当時の通りを描いた錦絵を見ると、両側には、桜の木が植えられています。八雲が到着したのは4月4日だから、もしかしたら、桜の花が咲く銀座を八雲は歩いたのかもしれません。尚、資生堂は1872年（明治5年）に創業していて、1888年には、日本初の練り歯磨きである「福原衛生歯磨石鹸」を発売しました。

八雲は、1890年8月30日に英語教師として松江に到着しました。そこで、士族の娘、小泉セツと結婚しました。セツの語る昔噺や伝説に耳を傾けた八雲は、それを文字に起こして出版しました。そのなかには、「雪女」や「ろくろ首」、「耳なし芳一」など、私たちに馴染み深い怪談もあります。

実は、八雲の著した物語の朗読会が、例年、銀座で行われていました。中央通りのヤマハ銀座スタジオで、松江出身の俳優の佐野史郎さんとギタリストの山本恭司さんが、小泉八雲の『怪談』をはじめとする作品の朗読会を開催していたのです。2020年5月以降は、コロナ禍のために中止になりました。もし再開されたなら、ぜひ私も拝聴したいです。そのとき、何を着ていくかと言えば、もっともふさわしいのは、大和屋シャツ店で誂えたシャツと言ってよいでしょう。いつか八雲が愛用した大和屋シャツ店のシャツを着て、八雲が著した作品の朗読を銀座で聴くことができたならば、そのときには、時空を超えて八雲の感性に触れられる気がします。

*1 **小泉八雲**／1850〜1904年。本名パトリック・ラフカディオ・ハーン(Patrick Lafcadio Hearn)。ギリシア生まれ。父親はアイルランド出身のイギリス陸軍軍医。イギリスとフランスで教育を受け、1869年に渡米し、各地で新聞記者を務めた。'90年「ハーパー」誌特派員として来日。松江中学教師に転じ、小泉セツと結婚。熊本の第五高等中学校（熊本大学の前身）に転任後、神戸に移り執筆に専心する。'95年日本に帰化し、小泉八雲と改名する。その後、東京帝国大学、早稲田大学の講師として英文学を教え、精力的に執筆活動を行った。

*2 **大和屋シャツ店**／1876年横浜に石川清右衛門が創業。1953年東京に移転。ワイシャツの語源は諸説あるが、清右衛門が西洋人から受け取った白いシャツ「White shirt」を「ワイシャツ」と聞き間違えたことが発祥とも言われている。中央区銀座6の7の8。

32 化粧品の香り

化粧品の香りがほのかに漂うのも、
銀座の街の特徴の一つだろう。

朝、銀座線の新橋駅から銀座8丁目の方へ向けて階段をあがっているとき、風が吹いて、ふと化粧の香りがしました。きっと前を歩いている誰かの化粧の香り。しかし私は、それに覚えがありました。記憶を辿るまでもなく、少年のころ叔母が使っていた化粧の香り。そう思えたのでした。

少年のころ、私は、山形県寒河江市に住んでいました。叔母は東京で働いていて、年に数回帰省していました。叔母といっても、20代半ば。私は、叔母とトランプをするのが、大好きでした。ページワンやババぬき、大富豪など。郷ひろみの「男の子女の子」を一緒にうたい、おしえてもらったりもしました。

叔母の部屋にいると、いつも、化粧の香りがしました。私は、たしかに、その香りが好きでした。それが、東京のイメージと直結していました。今となってみれば、間違いなく、そう思います。

上京したとき、一度だけ、叔母に好意をよせているとおぼしき男性と、私も一緒に、上野動物園を散歩したことがありました。もう40年以上前だけど、そのことを、よく覚えています。男性は楽しそうでしたが、私はあまり話さずにいました。山形の方言がすこし恥ずかしかったせいもありますが、叔母はその人に、気がありませんでした。たぶん。こどもでも、そうわかりました。うなぎをご馳走になって、すぐに帰りました。そのとき写真を1枚撮ったはず。まだどこかにあるのなら、見て

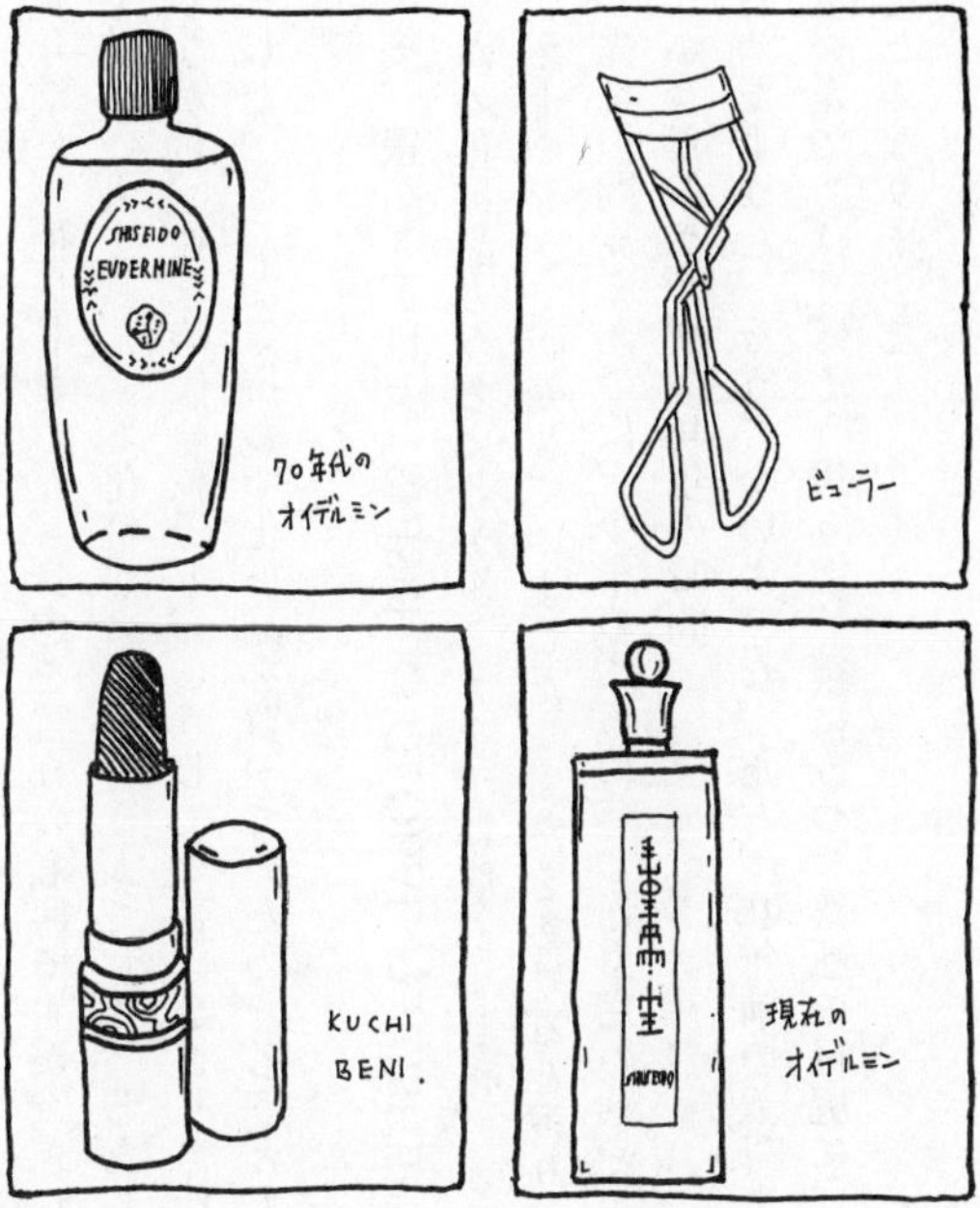
SHISEIDO
EUDERMINE
70年代の
オイデルミン
ビューラー
KUCHI
BENI.
現在の
オイデルミン

みたい。座敷のテーブルに座った少年の私。今の私よりも、ずっと若い叔母。

叔母は、数年前に、他界しました。身内を言うのも何ですが、きれいな人でした。年を重ねても美しい人でした。お化粧がよく似合う人でした。わたしは、新橋駅の階段をあがりながら、独身時代の叔母も、こうして、朝、ひとり、仕事に出たのだろうと思いました。どんな気持ちで化粧品を買っていたのだろうとも。涙が出そうになりました。

その日の午後、銀座3丁目の「SHISEIDO GLOBAL FLAGSHIP STORE」を訪れて、いくつかの化粧品のうちオイデルミンを手に取りました。オイデルミンは、40年前も同じネーミングで販売していました。ふたをあけると香りが漂いました。赤いボトルの先に垣間見えたのは、少年のころに感じた東京の華やかさ、叔母との思い出。楽しかったトランプ。40年の時間。

この香りだったような、そうでないような。ただ、40年前の叔母も、この香りを好きになっていたでしょう。そう思うと、鏡にうつった私の目尻に、数滴のオイデルミンをあてたくなりました。

33 銀座の清掃

清掃を終えたばかりのような
1964 年の銀座の一角。

1964年（昭和39年）10月16日、高松次郎[*1]と赤瀬川原平、[*2]中西夏之[*3]によって結成された「ハイレッド・センター[*4]」が銀座の街を清掃しました。この清掃は「首都圏清掃整理促進運動」と名付けられたパフォーマンスでした。その様子を記録したモノクロ写真を見ると、白衣を着たメンバーが、路面を雑巾で拭いたり、箒《ほうき》で掃いたりしています。後方には、「ALMOND」と書かれた看板が写り込んでいます。1963年の住宅地図で「ALMOND」を探してみると、銀座6丁目並木通り角に立地していて、ハイレッド・センターが清掃したのは、銀座7丁目、虹色のルイ・ヴィトン銀座並木通り店前ということが判明しました。ちなみに、ここには当時、北海道新聞社が建っていました。

赤瀬川原平さんによれば、街行く人からは不審な目を向けられたり、パトカーに乗った警官からは激励されたり、さまざまな反応があったそうです。

ハイレッド・センターは、なぜ、「首都圏清掃整理促進運動」を行ったのでしょうか。〝64年の東京オリンピックの際は、来日する外国人に向けて、政府によって街をきれいにしようという動きがありました〟しかし、当時は大気汚染もあったので、いわば、付け焼き刃的な対策。これに対して、ハイレッド・センターの徹底した清掃が、時代へのアイロニーになっていると考える向きがあります。

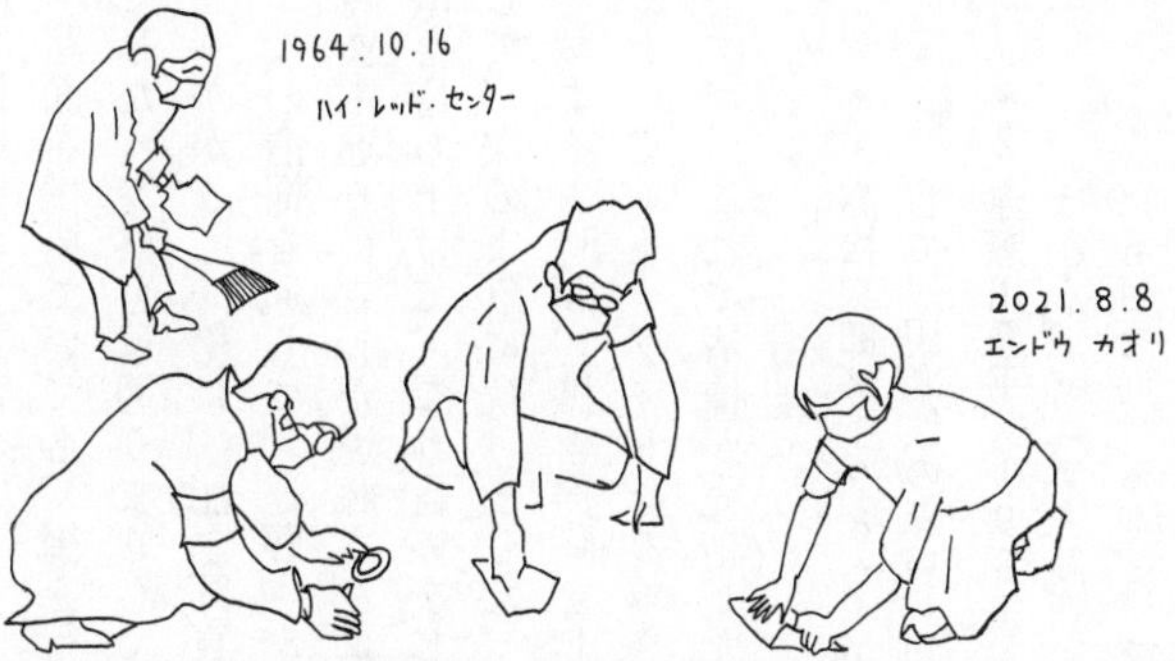

翻《ひるがえ》って、2021年8月8日、東京2020オリンピックの閉会式が開催されたこの日、アーティストの遠藤[*5]薫《かおり》さんは、銀座7丁目、虹色のルイ・ヴィトン前を清掃しました。遠藤さんは、2019年の第13回 shiseido art egg にて、ヴェトナム・ハノイの街を「布」で清掃したり、穴のあいた戦前の布に蚕をはわせ、蚕自身に吐き出した糸で修復させた作品などで、art egg 賞を受賞しました。

今回の清掃に際し、遠藤さんは、銀座にゆかりのある布を用いました。銀座5丁目の「ルパン」の初代主人、故・高崎雪子さんが昭和30年代〜40年代になじみのお客様のためにつくっていた風呂敷や手拭いを、現在の主人が2020年末から'21年の年明けの頃に、現在のなじみのお客様にお渡ししたとき、遠藤さんも手にしたようです。それをご自身で縫い合わせて、雑巾にして、銀座の路面を拭いたのでした。

路面を拭いていても、街を行く人から、不審な目を向けられることはありませんでした。警察官は通りませんでしたが、チェコからオリンピックの取材に来た方が通りかかり、一緒に、記念写真を撮りました。

この清掃を通して、遠藤さんはどのような感想を持ったのでしょうか。銀座7丁目並木通りに立った遠藤さんにきいてみました。すると、ほとんどもとのままの雑巾を持ち上げて、こう言いました。「銀座は清掃するまでもなく、すでに綺麗」。そして、次のように続けました。「でも、目に見えないものもありますから」

およそ1時間、拭き掃除をして、手を除菌して、現場を切り上げようとしたとき、おそらくルイ・ヴィトンのスタッフが、路面の掃き掃除を始めました。全くの偶然ですが、これで清掃が完結したような気持ちになりました。

＊1 高松次郎／1936〜98年。東京生まれ。日本の現代美術界にあって、終始一貫して、観念性の深い、知的な視覚表現をもとめ続けた。
＊2 赤瀬川原平／1937〜2014年。神奈川県生まれ。前衛的な美術作品だけではなく、パロディ漫画や小説、エッセイ、さらには路上観察学会のような非芸術にも目を向けるなど、その活動は多岐にわたり、いわゆる芸術家や画家といった

枠組みに収まりきらなかった。

*3 **中西夏之**／1935〜2016年。東京生まれ。現代美術家。東京藝術大学教授、倉敷芸術科学大学教授を務めた。反芸術的な活動から始まり、晩年まで精力的に新作を発表した。

*4 **ハイレッド・センター**／高松次郎、赤瀬川原平、中西夏之の3名によって1963年に結成された前衛芸術集団。名前の由来は、3人の苗字の最初の文字（高＝ハイ、赤＝レッド、中＝センター）。

*5 **遠藤薫**／1989年、大阪生まれ。2013年沖縄県立芸術大学工芸専攻染織科卒業。'16年志村ふくみ（紬織《つむぎおり》、重要無形文化財保持者）主宰アルスシムラ卒業。沖縄や東京、愛知と各地方を拠点に、主に染織技法を用いて、制作発表を続けている。

34
「よしや」の「どら焼き」から

1964年の銀座の路上では公衆電話が最新の通信手段だった。

毎週日曜日の21時になると、東銀座の「木挽町よしや[*]」の3代目・斉藤大地さんと、ロバート・キャンベルさんによるトーク「I love GINZA!! 銀座好きの集い。もの・ひと繋ぎプロジェクト」が、音声SNSのクラブハウスにて始まります。この配信は、2021年9月12日現在、回を重ねること30回。毎回、ゲストがおすすめる銀座のお店を紹介し、それをもとに今後、銀座のマップをつくることが予定されています。

私も幾度となく参加しましたが、これまで、まったく接点のなかった銀座の方々とも、ことばを交わすことができました。オンライン上での出来事ですが、先行きの見えない時代にあって、きっとこの先の何事かにつながっていく予感がします。

斉藤さんは、コロナ後の銀座のあり方を、誠実に、探し続けています。

斉藤さんが3代目を務める「よしや」は、1922年（大正11年）創業の老舗和菓子店です。関東大震災や敗戦、バブル崩壊を乗り越えてきました。歌舞伎座の近くに立地し、斉藤さんが「銀座一小さな和菓子店」と呼ぶように、確かに、小さなお店です。しかし、一歩店内に足を踏み入れると、壁にびっしりと掛けられた焼印の数々に、目を見張ります。誰の印、どこの会社、何という文字。「よしや」では、手づくりの「どら焼き」に、オリジナルの焼印を入れることができるのです。私も「森岡書店」の焼印をつくってもらうことにしました。こうすれば、手土産に、森

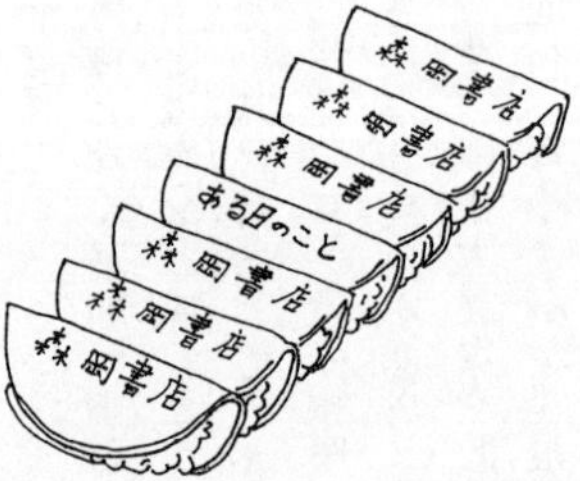

岡書店の名入りの「どら焼き」を持参することができます。

一方、ロバート・キャンベルさんと私は、実に、長いつきあいで、最初に出会ったのは、もう23年も前。当時勤務していた神保町の古書店が所有する和本を、ロバートさんが調査に来ていました。以来、道で会ったり、駅で会ったり、街で会ったり、特に約束したわけでもなく、よいタイミングで出会っては、そこでの立ち話がきっかけとなり、テレビ番組の企画になったり、某図書館での講演会になったりしました。ロバートさんは「銀座百点」で銀座について連載していたことがあり、銀座についても詳しいのです。柔らかいお人柄は、23年前からまったく変わっていません。

先日の配信中（クラブハウス）に、私がロバートさんのご自宅の近くにいたため、ご自宅に徒歩で訪問しようとしたところ、タイミングがあいませんでした。

次の機会には、「よしや」特製の、「森岡書店」の名入りの「どら焼き」を持参したいです。あ、そういえば、「よしや」の焼印のなかには、ロバートさんの事務所「ある日のこと」がありました！ 手土産のなかに、1個だけ、「ある日のこと」印の「どら焼き」もつくってもらおう。つくづく、商品とは、人と人とのコミュニケーションの手段なのだと思います。

＊よしや／1922年創業。歌舞伎座路地裏で100年の歴史がある老舗和菓子店。煉切で作る手のひらサイズの花ずしや果物かごなど、創作和菓子が名物。中央区銀座3の12の9。

35

京都と銀座とモランディ

銀座８丁目にあった伝説のバー、ボルドー。ここで飲んだジントニックも忘れられない。

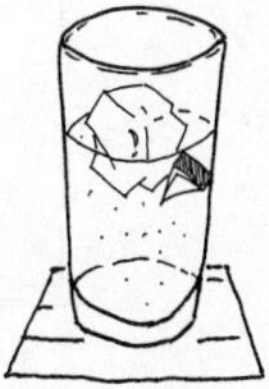

ある年の晩秋の夜、私は、「京都に行ったら訪れるとよい」と教えてもらっていたバーを探して、京都の三条通りを歩いていました。その日は、風が強く、きりっとした冷たさが伝わってきました。赤レンガの壁に、「酒陶柳野」という表札をみつけて、扉を押して、敷居を跨ぐと、聞いていた通りの空間が広がっていました。お酒のボトルは木の棚の中に収納されて1本も見えず、木のテーブルの上にも何もありません。目に入ってきたのは、土壁に掛けられた、1輪の花と、1枚の絵画。絵画は金子國義でした。マスターにジントニックをたのんで、店内がシンプルな理由を尋ねると「お酒の味に集中してほしいから」とのこと。柑橘《かんきつ》の香りのジントニックで冷えた身体が徐々にあたたまっていきました。

ジントニックを傾けながら、どれくらいで絵がかわるのか、また尋ねてみました。すると、前の週は、**モランディ**[*1]の静物画の版画が掛かっていたそう。たしかに、この空間には、モランディの作品が似合います。何も知ら

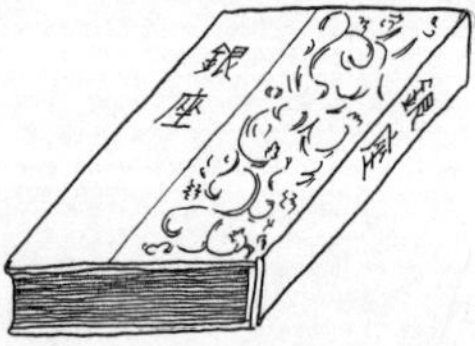

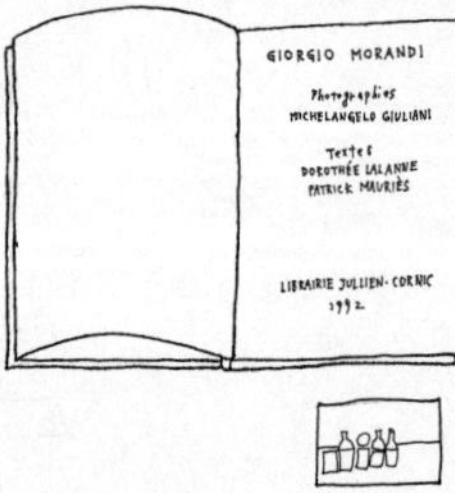

なかったとして、もし、ここに何の絵を飾りたいかと問われたなら、私も、モランディと答えたでしょう。要するに、ここに座ったら、黙ってお酒を口にして、絵画とお花を見ればよいのです。

そう考えていると、マスターが奥からモランディの作品集を出してきてくれました。私はその本を見て、あっ、となりました。見覚えがあったのです。200部ほどしか出版されなかった、非常に珍しい本。かつて、私も出会ったことがあり、その一冊は、銀座並木通りの[*2]無印良品 銀座のアトリエ内ライブラリーに収まっているはず。はず、と言うのは、私が入手した本が、巡りめぐってここに入ってきたのかと、一瞬、思ったのです。しかし頁をめくり、シリアルナンバーを確認すると違っていました。

無印良品 銀座の6階「ATELIER MUJI GINZA」には、誰でも閲覧できるライブラリーがあります。ここの本は、私を含めて、主に、3人のメンバーで選びました。美術や工芸、デザインを主なテーマとし、各々の経験と感性によって構成しました。私は「銀座」にまつわる本も担当したので、例えば、福原信三により資生堂出版部が1921年（大正10年）に出版した書籍『銀座』のオリジナルを選びました。この本も手軽に手に取れる機会はそうはありません。このようなライブラリーが街に開かれているのは凄いことです。

件《くだん》のモランディの作品集は、このライブラリーでは、もちろん、「アート」の棚に入っています。でも私は、「銀座」の棚に置いてもよいと思っています。削ぎ落としているのに、装飾されているような静物画のイメージが、銀座にふさわしいと思うからです。もし銀座の代名詞である「いき」を絵画で喩《たと》えるよう問われたなら、私はここでも、モランディと迷うことなく言うでしょう。このライブラリーの書棚でぜひ探してみてください。引くことが強さにつながる世界が広がります。あるときは本で、あるときは空間で。

＊1 モランディ／ジョルジョ・モランディ。1890〜1964年。イタリアの画家。瓶や器を主題にした静物を描き、瞑想的な作風を確立した。

＊2 無印良品 銀座／銀座の並木通りに位置するグローバル旗艦店。6階には「MUJI HOTEL GINZA」のほか、2つの「Gallery」、「Salon」、「Library」、「Lounge」の5つの空間を備えた「ATELIER MUJI GINZA」などがある。中央区銀座3の3の5。

36 銀座の土壌

1964年頃の銀座の土壌はどうなっていたのだろうか。

資生堂銀座ビルでは、銀座の街から採集したオブジェクトを立体的にコラージュする、「SHISEIDO WINDOW ART 銀座生態図」が展開されました。この企画は3期に分かれていて、前期は「銀座の植物、生き物」を採集したコラージュでした（122頁参照）。中期の「銀座の土壌」を採集したコラージュを担当した資生堂のクリエイティブディレクターの堀景祐さんに、採集の成果をお聞きしました。

銀座が、かつて、江戸前島と呼ばれた、海に囲まれた半島だったことはよく知られていますが、今回、堀さんたちは、国土地理院で公表されているデータをもとに、その立体化を試みました。結果、例えば、資生堂銀座ビルのある銀座7丁目西側と、森岡書店のある銀座1丁目東側では、土地の高低差が約2メートルもあることが、はっきりしました。晴海通りを、東銀座の方に歩いていると、なだらかに、下っていくような感覚がありましたが、2メートルも違っていたとは。確かに、森岡書店がある場所は、中央区のハザードマップによると、浸水地域になっています。土嚢《どのう》を準備しておくなど防災の意識が高まりました。

銀座の街路樹の下を調査すると、いくつかの土壌から、しじみなどの貝殻が出土する場合が多いことも判明しました。これらは決して古い貝殻ではないので、誰かが、何かの目的で埋めている可能性が考えられます。貝殻を土壌の養分にするという説も成り立つでしょうが、もしかしたら、現代版の銀座貝塚を構築しようと試み

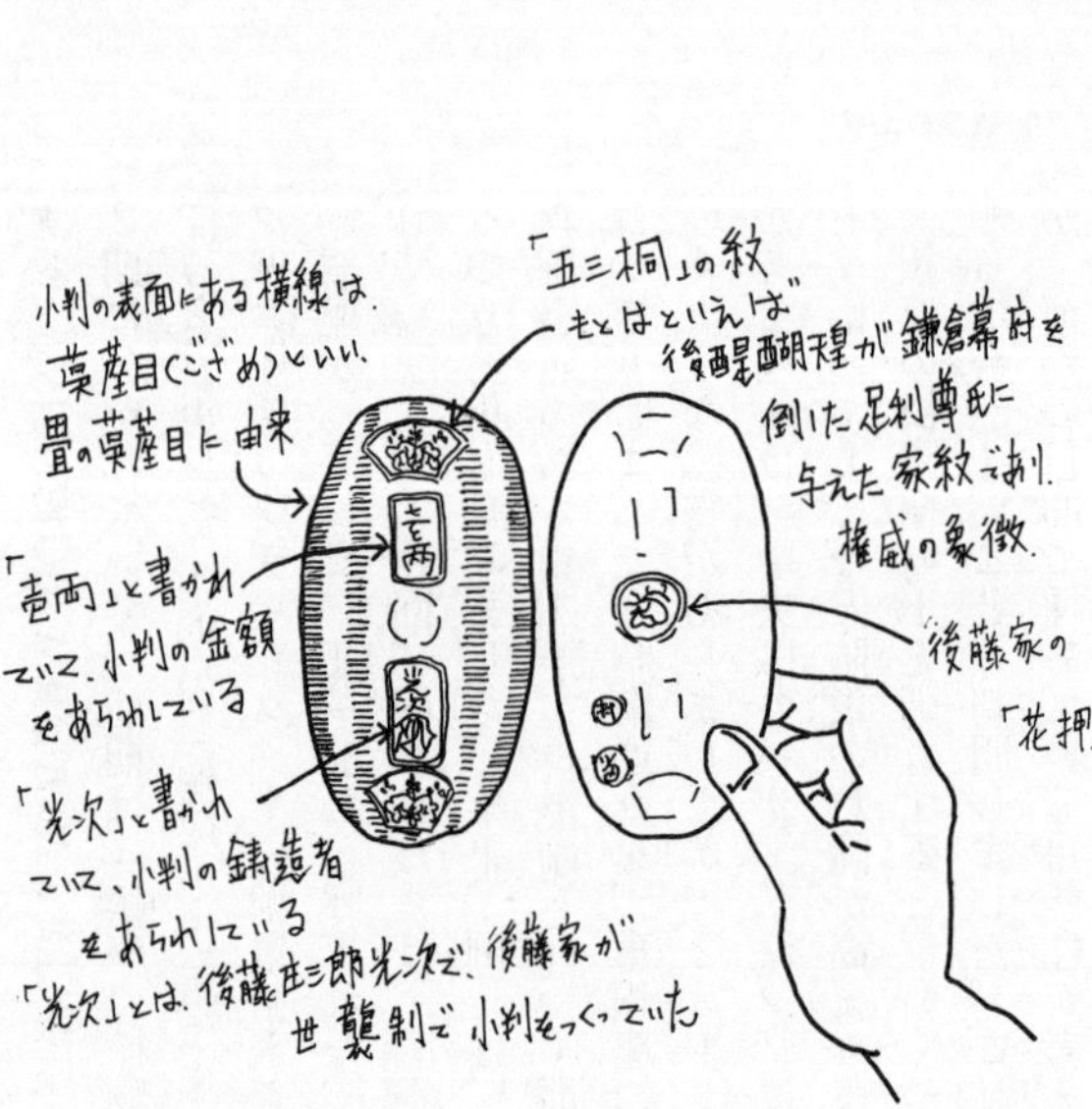

ているのかもしれません。いずれにしても謎は深まります。

また、堀さんたちは今回、土壌のリサーチだけでなく、銀座の樹木で布を染める実験を行いました。いわゆる草木染ですが、実は、いま私たちが普通に使っている草木染というワードは、銀座で公表されました。『資生堂ギャラリー七十五年史』を読むと、1930年（昭和5年）12月に、小説家で染色も行っていた[*1]山崎斌《あきら》が、古来の植物染料による染色と合成染料による染色を区別するため、前者を草木染と命名し、旗揚げとして[*2]「草木染信濃地織復興展覧会」を開催したことが記録されています。

1956年（昭和31年）、現在は[*3]ユニ

クロ　銀座店とドーバー ストリート マーケット ギンザが入居するギンザコマツビルが改築した際は、工事現場の土壌から、慶長小判、正徳小判、享保小判が合わせて208枚、さらに、一分金が60枚ほど発見されました。これらの小判と一分金は、国の「埋蔵文化財」として、上野の東京国立博物館に、現在も保管されているそうです。慶長は1596年から1615年、正徳は1711年から1716年、享保は1716年から1736年まで。その当時、この場所には何があったのでしょうか。江戸時代の地図を見てみましたが、はっきりしたことは、わかりませんでした。こちらも謎が深まります。

堀さんの銀座の採集は後期（「銀座の人の営み編」）につづきます。今度はどんな謎が見えてきたのでしょうか。謎がちりばめられている街というのも魅力的です。

＊1　山崎斌／1892～1972年。長野県生まれ。作家、評論家、草木染作家。国民英学舎を卒業後、京城日報の記者となったが、1922年小説を島崎藤村に賞賛され作家として歩み始めた矢先、昭和の大恐慌で郷里の養蚕業が打撃を受けたため帰郷。植物染めを復活させ「草木染」と名付け、「草木屋」を創設して編著書を刊行。のちに日本の衣・食・住の良さを見直す「月明会」を起こす。

＊2　草木染信濃地織復興展覧会／資生堂ギャラリーにて1930年12月7日～11日に、

信濃手工芸伝習所の山崎斌の主宰で開催された展覧会。

＊3 ユニクロ 銀座店／ユニクロ（UNIQLO）のグローバル旗艦店。ブランド理念の「LifeWear」を表現したインスタレーションや初のカフェなどを設け、2021年9月17日にリニューアルオープンした。中央区銀座6の9の5ギンザコマツ東館。

37

銀座1丁目で地中海

1964年のイタリー亭。銀座1丁目のガス灯通り。

先日、銀座1丁目のギャラリー小柳[*1]で、杉本博司[*2]さんの「海景」を見ました。「海景」は水平線を撮ったモノクロ写真で、私はそれを、「人類の祖先が海から上がってきたときの数万年前の光景」というコンセプトで見ています。そうすると、誰もが見たことのある水平線なのに、現在なのに現在でないような、銀座1丁目にいるのに銀座1丁目でないような、不思議な時間と空間が目の前に立ち上がります。例えば、この時は、以下のようなことが。

コロナ禍になったばかりの頃、ダーウィンの『種の起源』から、「強いものが生き残ったのではなく、変化に適応したものが生き残った」という考察を心に留めて、これからを考えている人が多いと感じました。『種の起源』という名前は知っていても、読んだことはなかったので、私も『種の起源』（渡辺政隆訳、光文社古典新訳文庫）を開いてみました。実際には、ダーウィンはそのようなことを述べていないようですが、下巻の220頁からの「地中海と日本海の生物の構成が似ている」という内容の記述に目が止まりました。なぜそうダーウィンは考えたのか。その理由は、少し読んだだけでは分かりませんでした。しかしいま、目の前の「海景」を見ていると、地球上のある時期、地中海と日本海で、原初の生命体が海から浜に上がってくるというイメージが広がりました。

ところで、ギャラリー小柳の斜向かいには、銀座イタリー亭[*3]があります。イタリ

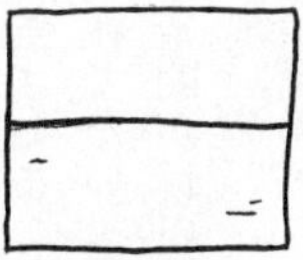

ー亭は、１９５３年（昭和28年）からこの場所でイタリアンを銀座の人々に提供している老舗レストランです。「海景」を前にして、地中海と日本海で、原初の生命体が海から上がってくる光景を連想した私は、イタリー亭のスパゲッティを食べたくなりました。ギャラリー小柳からイタリー亭までは88歩。赤いギンガムチェックのクロスのテーブルに着席して、「イカの墨和え」スパゲッティを注文しました。もしかしたら、日本でイタリアンが愛されているのは、日本の食材に近いものがあるからかもしれない、と思いながら真っ黒なスパゲッティをいただくと、シンプルな塩味とイカスミの滋味が一層美味しく感じられ、「これが地中海の味だ」[*4]と思いました。

　イタリー亭のすぐ側には、**遠藤青汁グリーンライフ 東京・銀座店**があります。実は、私は、ここの青汁を愛飲しています。青汁のサイズは大と小の2種類がありますが、私は350円の小をいつも選んでいます。もしかしたら、青汁の原料となるケールは地中海のほうの原産かもしれない、当てずっぽうですが、そんな予感がした私は、いつも青汁を注いでくださる方に質問してみました。すると、なんと、地中海沿岸が原産地とのこと。まったくの偶然に開いた口が塞がりませんでした。そして、その方は、「種をお譲りしております」と言って、私に、ケールの種をプレゼントしてくださいました。受け取った私は、口を開けたまま、こう思いました。現在なのに現在でないような、銀座1丁目にいるのに銀座1丁目でないような、不思議な時間と空間が目の前に立ち上がったと。

＊1 ギャラリー小柳／1995年銀座にて設立。杉本博司、ソフィ・カル、マルレーネ・デュマス、束芋《たばいも》など国内外の現代美術作家を紹介する展覧会を開催する。2016年、同ビル9階に杉本博司のデザインによるギャラリースペースをリニューアルオープン。中央区銀座1の7の5小柳ビル9F。

＊2 杉本博司／1948年、東京生まれ。立教大学経済学部卒業後、ロサンゼルスのアート・センター・カレッジ・オブ・デザインで写真を学ぶ。'74年よりニューヨークに移住。作品制作のかたわら古美術の売買を行い、その後も収集を続ける。

主なシリーズに、「ジオラマ」「海景」「劇場」「ポートレート」「蠟人形／恐怖の館」「陰翳礼讃」「建築」「観念の形」など。2001年ハッセルブラッド国際写真賞、'09年高松宮殿下記念世界文化賞（絵画部門）受賞。'10年秋の紫綬褒章受章、'13年フランス芸術文化勲章オフィシエ叙勲。'17年文化功労者。

＊3　銀座イタリー亭／1953年、創業者である吉田清重が、ローマの裏町にあるような「ちょっと目立たないけど、毎日行列ができるイタリア料理のお店」を創りたいという思いから開店したイタリアンの老舗。中央区銀座1の6の8。

＊4　遠藤青汁グリーンライフ　東京・銀座店／1962年に横浜に開設、'85年銀座に移転オープンした青汁スタンド。開設以来、青汁のみを販売。レトロな建物で青汁を堪能できる。中央区銀座1の6の7谷口ビル1F。

38 銀座と雑貨

このお店のどこかでも雑貨が
販売されていたかもしれない、
1964年の銀座。

以前、21_21 DESIGN SIGHTで開催された「雑貨展」にて、私は、『銀座八丁』（木村荘八編著『銀座界隈』別冊、東峰書房）を用いた展示を行いました。『銀座八丁』は、１９５３年（昭和28年）から１９５４年にかけて、中央通りの東側と西側を撮影したアルバムです。蛇腹になっていて、伸ばすと、約5メートルくらいになります。それをテーブルの真ん中に広げ、例えば、伊東屋や松屋銀座、三越、鳩居堂、教文館など、アルバムに写っていて、かつ、現在もそこにあるお店で「雑貨」を買ってテーブルに並べました。

また、このアルバムには、１９５３年（戦災後）現在の店名の下に、１９４２年（昭和17年／戦災前）、１９３０年（昭和5年／震災後）、１９２１年（大正10年／震災前）と3つの時期に分けて、かつてその場所にあったお店の名前が印字されています。例えば、銀座7丁目西側のとらや銀座店（現在休業中）の場所なら、「レストラン・リドー、茶舗宇治園、吉田毛織物店」というように遡れます。そして、そのなかには、7軒もの「雑貨店」がありました。伊東屋で虫眼鏡を5つ求めて、アルバムの上に置き、銀座の「雑貨店」を探してもらうような展示を行いました。

数ある雑貨店のなかでもとりわけ気になったのが「江戸屋外人雑貨店」です。アルバムの写真には「江戸屋」という看板が写っています。このお店は、銀座4丁目の三越の隣、現在の銀座いさみやの場所にあったようです。名前からして「何を売

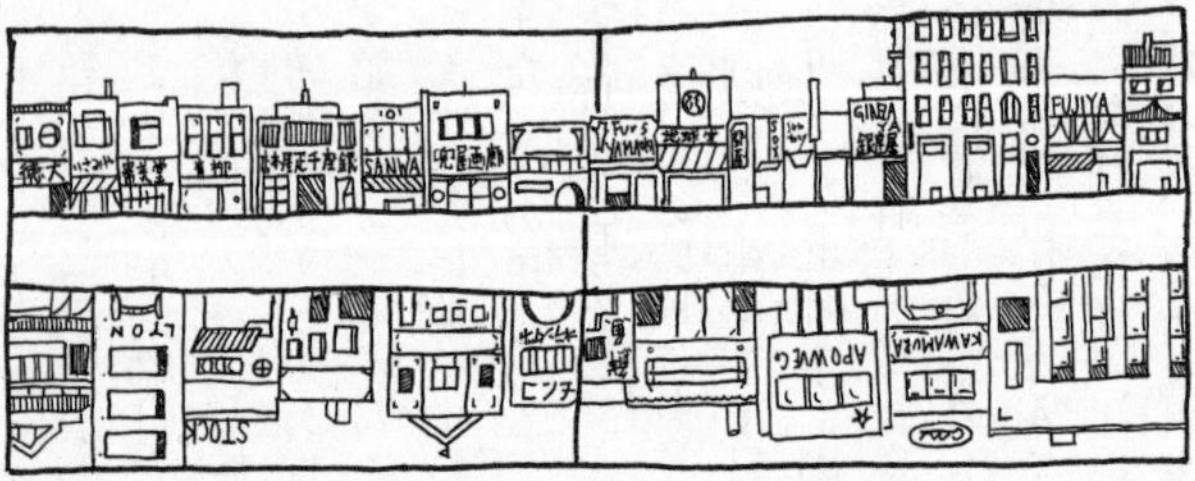

っていたのだろう」と思わざるを得ません。もしかしたら、京橋図書館の画像データを検索すれば何かわかるかもしれないと思った私は、スマホで検索してみました。すると、「江戸屋」というお店の写真がすぐに出てきました。写真をよく見ると「干ブドウ」「バター」「チーズ」「ソーセージ」を販売していたようです。スマホを片手に、銀座いさみやの前に立ってみると「この場所にはかつてこのようなお店があったのか」と、目の前の風景が違って見えるような気がしました。

ところで、最近知ったのですが、杉本博司さんは、「海景」シリーズの撮影で外国の僻地に1カ月ほど行くとき、白米に梅干しと海苔をもって行くという、江戸時代のような旅行スタイルだったそうです。そして、そこには、「とらや」の羊羹「夜の梅」もありました。しかも、これは1粒で2度おいしい。というのも、「海景」シリーズで夜の海を撮影するとき、露出計の役割を果たしたのです。「小豆の粒のある切り口が見えなくなる寸前が撮影のタイミング。一日の最後の残り日、切り口が見えるか見えないかの光の時に、最高のトーンが出る」と（「朝日新聞」マリオン面、2015年11月10日）。もしこのことを「雑貨展」を準備しているときに知っていたなら、私は、迷わず「夜の梅」をテーブルに並べたことでしょう。そして、「なぜ、羊羹が雑貨なのですか」と質問されるのを待ったことでしょう。

「雑貨」というワードがいつから日本語にできたのか定かではありませんが、もしかしたら、銀座が「雑貨」の伝播基地になったのではないかというイメージが、アルバムを開いて広がりました。

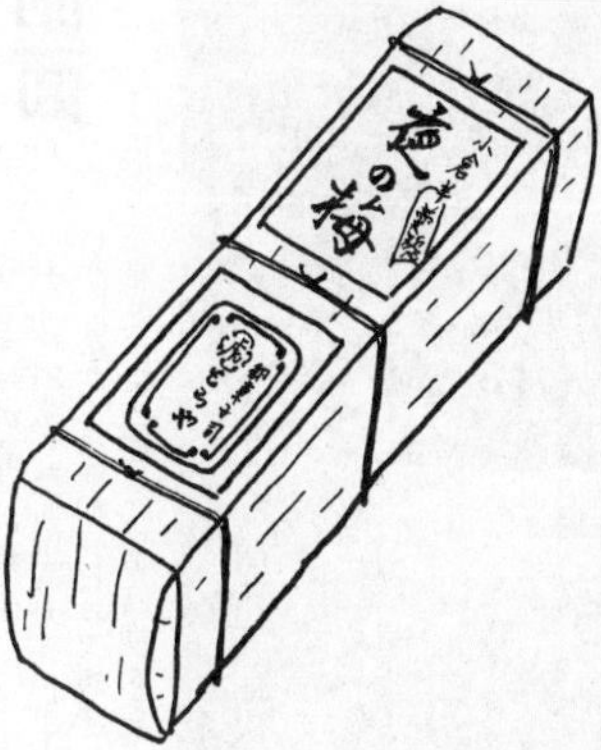

39

和田誠の銀座の一側面

1964年の昼時の銀座。ライトパブリシティを創業した信田富夫は日本工房で働いていたが、戦前期、日本工房がこのビル（徳田ビル）に入居していた時期があった。

東京オペラシティ アートギャラリーで開催された和田誠展を見に行ってきました。**和田誠**[*1]さんは、著書に『銀座界隈ドキドキの日々』（文春文庫）があるように、銀座に馴染み深く、大学を卒業した１９５９年（昭和34年）から68年までの9年間、銀座にあるデザイン会社、ライトパブリシティに勤務していました。１９６３年頃のライトパブリシティは、銀座7丁目電通通りのニューギンザビル（現存）に入居していました。例えば、「銀座ウエスト」で、寺山修司とコーヒーを飲みながら会話をしている記述があったり、壹番館洋服店の玄関のイラストを描いていたり、和田誠さんは、銀座のなかでも、電通通りをよく歩いていたと考えられます。

展覧会では「銀座」につながる仕事もいくつか見ることができました。例えば、資生堂石鹸のポスターには、駱駝《らくだ》の背に長いベールで髪を覆った女性がひとり乗り、砂漠のなかをどこかに向かっているイラストが描かれています。「汗が待ってるポトラッチ――贈りましょう」というコピーも印字されています。ポトラッチとは、アメリカインディアンの言葉で「贈与」という意味です。このイラストとコピーには、和田誠さんたち制作チームの独自の見解があるように思います。汗という文字がもつイメージ。水分を吸収する砂漠のイメージ。コンセプトを説明するため、ラフを抱えて、銀座7丁目並木通りの資生堂に向かう和田誠さんの姿が浮かんできました。

汗が待ってるポトラッチー贈りましょう 資生堂石鹸

また、銀座を通る都電が、1967年12月9日に廃止になる際には、ライトパブリシティのコーピーライターの秋山晶《しょう》さんと組み、キャノンの新聞広告で都電へのオマージュを込めた作品を発表しました。1903年（明治36年）に鉄道馬車を引き継いで誕生し、関東大震災のときは、人々が、復旧した最初の電車を歓声をあげて見送ったことや、戦後の見渡す限りの焦土のなかを一日も休まなかった交通機関だったことに触れ、車社会の到来が述べられています。

2009年にggg[*2]で開催された「銀座界隈隈ガヤガヤ青春ショー」のポスターを見ると、同展は、灘本[*3]唯人・宇野亜喜良[*4]・和田誠・横尾忠[*5]

則の4人で行われたことがわかります。このポスターの背景として『銀座界隈ドキドキの日々』に、以下の記述がありました。「デザインセンターは銀座の東側、ライトは銀座の西側にあって、昼飯どきはまん中へんのレストランや喫茶店で社員同士よく出会った。デザインセンターの若手には宇野亜喜良さんや横尾忠則君がいて、とりわけこの二人に昼飯どきに会うのが嬉しかった。ぼくたちは当時はみなデザイナーとして仕事をしていたわけだが、イラストレーターでもあり、イラストレーターという職業があることを世の中にもっと知らせたいという夢を持っていた」

オペラシティの展覧会を見ての感想は、それにしても膨大な量の仕事だということです。「週刊文春」の表紙は40年の長きにわたって描かれました。ポスターにしても絵本にしても装丁にしても、そのひとつひとつがカッコ良く、きっと和田さんはいつも楽しんで仕事をしていたのではないでしょうか。和田誠さんは、銀座について以下のように述べます。「銀座に詳しくはならなかったけれど、何げなく出会った人たちが、それぞれ優れた仕事をしている。ぼくはその人たちに教えられ、影響を受けて、おかげで交遊の上でも仕事の上でも行動半径がずいぶん拡がった。ぼくのドキドキの日々は、豊かで幸せな日々でもあった」。もしなぜ和田誠さんが、このような仕事を残すことができたかを問われたなら、「銀座」で働いていたからと答えたくなります。

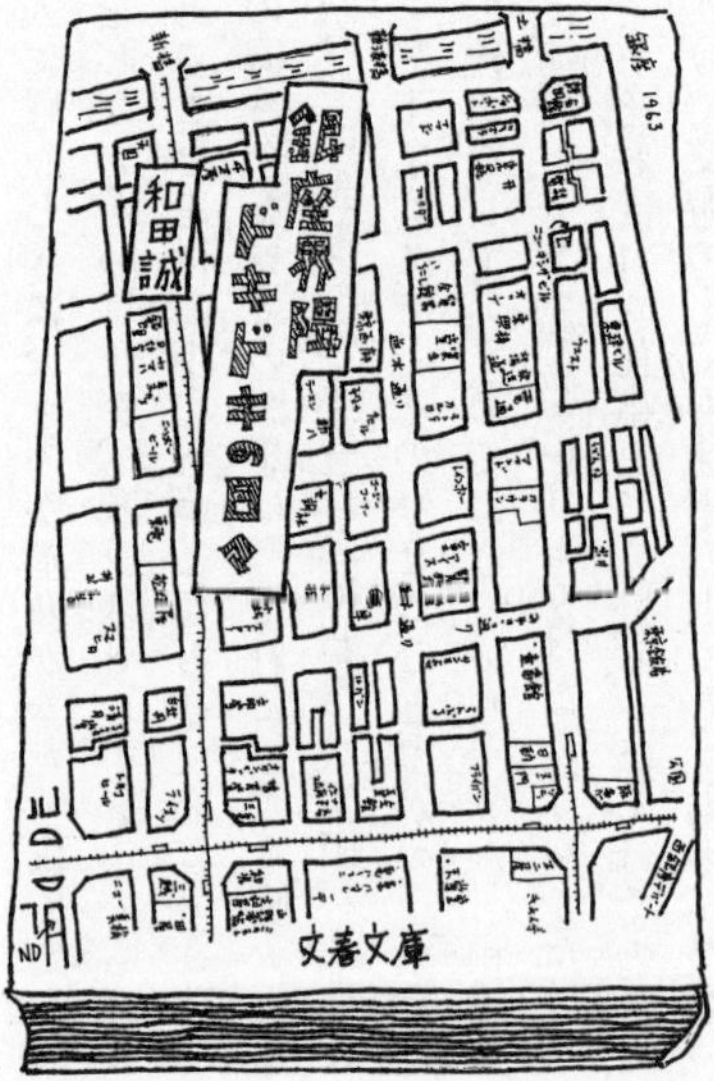
銀座界隈
ドキドキの日々
和田誠
1963
文春文庫

＊1 和田誠／1936〜2019年。大阪生まれ。グラフィックデザイナー、イラストレーター。多摩美術大学卒業後、ライトパブリシティに入社。1968年から'77年より「週刊文春」の表紙を担当。'84年、映画『麻雀放浪記』を初監督。全部で4本の長篇映画を監督した。出版した書籍は200冊を超える。

＊2 ggg／ギンザ・グラフィック・ギャラリー（ginza graphic gallery）は、1986年、グラフィックデザインと密接なかかわりをもつ大日本印刷が設立。グラフィックデザインの専門ギャラリーとして3つのgの頭文字から「スリー・ジー」の愛称で親しまれている。中央区銀座7の7の2 DNP銀座ビル1F。

＊3 灘本唯人《なだもとただひと》／1926〜2016年。兵庫県生まれ。初代東京イラストレーターズ・ソサエティ（TIS）理事長。1993年、イラストレーターとして初めて紫綬褒章受章。

＊4 宇野亜喜良／1934年、愛知県生まれ。'50年代から鬼才イラストレーターとして活躍、寺山修司の舞台、宣伝美術を手がけ時代の寵児に。キュレーターや舞台美術、芸術監督等も務める。

＊5 横尾忠則／1936年、兵庫県生まれ。神戸新聞社、日本デザインセンターを経て、グラフィックデザイナーとして独立。原色によるサイケデリックなポスターで話題を呼び、海外でも高い評価を得た。'82年、絵画作品による個展を機に画家としての立場を鮮明に打ち出した。

40

800日間銀座一周

仕立ての良いスーツを着用し、
自信に満ちた視線を銀座の街
に向けている。

「花椿」で銀座について40回書いてきました。思えば、銀座について書くようになったのは、2019年11月から。編集部より「銀座と資生堂」というテーマで執筆依頼があったことがきっかけでした。その後すぐに連載が始まり、最初の執筆以来、およそ2年2カ月。日数にすると約800日。この間、銀座は、これまでも明治5年（1872年）の大火や関東大震災、敗戦など危機がありましたが、コロナ禍も、大きな影響を及ぼしました。

この時代の銀座を書くにあたり、私は、以下のことを心に決めました。もし時代に良い面と悪い面があるなら、良い面を見よう。いまこそ、銀座の良さを書きたい、と。そしておよそ800日、自分なりに銀座を歩いて思ったのは、銀座は良い街だということです。大変な時代ですが、本当にそう思います。

先日、壹番館洋服店でスーツをオーダーし、つくづく、そのことを実感しました。社長の渡邊新さんと近況や時事の話をしながら、生地を選んでいきます。何の気なく軽やかに。森岡くんには、鉄紺でなく明るい紺の色がいい、というように。生地は5000種くらいあるとのことでした。身体の採寸も、会話をかわしながらいつの間にやら……いったいどの部分を何カ所測ったのかも自分ははっきりしません。仮縫いのときは驚きました。布が私のかたちになって、筒状の袖がふたつ、取り付けられました。なんだか、まるで人間が出来上がっていくような不思議な感覚を覚

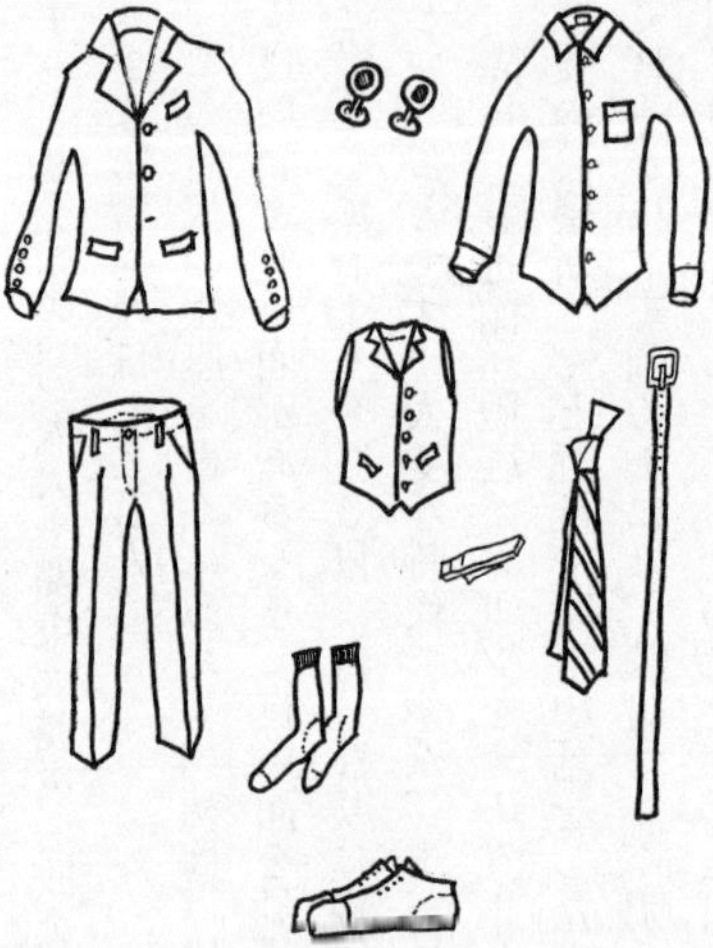

えました。次に大きな鏡の前に立って布の線を調整していきます。ジャケットの丈を少し長くして、パンツを少し細くして。その様子は、あたかも彫刻をつくっているようで。「洋服着るとあがるよな」「これを着てどこに行くか」という会話をしつつ、「また連絡するよ」と新さんは言いました。店内でふるまわれる京都の一保堂の「いり番茶」の香りに浸りながら、スーツの出来上がりをぼんやり考えていました。すごい技術と瀟洒《しょうしゃ》な誂え。それを布で包んで、まるごといただくようなものでしょう。場合によっては100年先までもちます。新さんは先々代がつくったスーツの修理もします。何の気なく軽やかに。

銀座は、東京に住んでいる場合は、遠いというほどではないけれど、ひとつの旅に出かけたような体験をもたらします。それは時として、時間を遡っていくような旅でもあります。ひとつのあんぱんを買う。1杯のお酒を飲む。1着のスーツをつくる。その背後には100年単位の時間が感じられます。それが銀座が良い街と思える理由のひとつです。

私のスーツは年明けに仕上がります。新さんにまた「これ着てどこ行くの」と訊かれ、私は「資生堂のロオジエあたりがふさわしいかも」と答えました。すると新さんはこう言いました。「資生堂の人をあっと言わせたいな」。800日間で銀座を一周したような気になりました。

初出
資生堂 ウェブ「花椿」連載「現代銀座考」
2020年5月12日〜2021年12月23日
本書は文庫オリジナルです

文春文庫

800日間《にちかん》銀《ぎん》座《ざ》一周《いつしゆう》

定価はカバーに表示してあります

2022年4月10日　第1刷

著　者　森《もり》岡《おか》督《よし》行《ゆき》
発行者　花田朋子
発行所　株式会社 文藝春秋

東京都千代田区紀尾井町 3-23　〒102-8008
TEL 03・3265・1211㈹
文藝春秋ホームページ　http://www.bunshun.co.jp

落丁、乱丁本は、お手数ですが小社製作部宛お送り下さい。送料小社負担でお取替致します。

印刷・図書印刷　製本・加藤製本

Printed in Japan
ISBN978-4-16-791867-5